Gestão empreendedora de pessoas

Conectando liderança, inovação e humanização

Dados Internacionais de Catalogação na Publicação (CIP)
(Claudia Santos Costa - CRB 8ª/9050)

Galvão, Sarah Fantin de Oliveira Leite
Gestão empreendedora de pessoas : conectando liderança, inovação e humanização / Sarah Fantin de Oliveira Leite Galvão, Haliny Torres de Oliveira Câmara. – São Paulo : Editora Senac São Paulo, 2025.

Bibliografia.
ISBN 978-85-396-5506-9 (impresso/2025)
e-ISBN 978-85-396-5507-6 (ePub/2025)
e-ISBN 978-85-396-5508-3 (PDF/2025)

1. Gestão de pessoas. 2. Liderança. 3. Inovação. 4. Humanização. I. Câmara, Haliny Torres de Oliveira. II. Título.

25-2447c CDD – 658.3
658.4092
BISAC BUS030000
BUS071000

Índice para catálogo sistemático:
1. Gestão de pessoas 658.3
2. Liderança 658.4092

Sarah Fantin de Oliveira Leite Galvão
Haliny Torres de Oliveira Câmara

Gestão empreendedora de pessoas

★★★★★

Conectando liderança, inovação e humanização

Editora Senac São Paulo – São Paulo – 2025

Administração Regional do Senac no Estado de São Paulo

Presidente do Conselho Regional: Abram Szajman
Diretor do Departamento Regional: Luiz Francisco de A. Salgado
Superintendente Universitário e de Desenvolvimento: Luiz Carlos Dourado

Editora Senac São Paulo

Conselho Editorial: Luiz Francisco de A. Salgado
Luiz Carlos Dourado
Darcio Sayad Maia
Lucila Mara Sbrana Sciotti
Luís Américo Tousi Botelho

Gerente/Publisher: Luís Américo Tousi Botelho
Coordenação Editorial: Verônica Marques Pirani
Prospecção: Andreza Fernandes dos Passos de Paula, Dolores Crisci Manzano, Paloma Marques Santos
Administrativo: Marina P. Alves
Comercial: Aldair Novais Pereira
Comunicação e Eventos: Tania Mayumi Doyama Natal

Edição e Preparação de Texto: Caique Zen Osaka
Coordenação de Revisão de Texto: Marcelo Nardeli
Revisão de Texto: Cristine Sakô
Projeto Gráfico, Capa e Editoração Eletrônica: Antonio Carlos De Angelis
Imagens: Adobe Stock
Impressão e Acabamento: Gráfica Serrano

Editora Senac São Paulo
Av. Engenheiro Eusébio Stevaux, 823 – Prédio Editora
Jurubatuba – CEP 04696-000 – São Paulo – SP
Tel. (11) 2187-4450
editora@sp.senac.br
https://www.editorasenacsp.com.br

Sumário

Prefácio

Você tem em mãos um livro escrito não apenas com conhecimento técnico, mas também com coragem, vivência e um profundo senso de propósito. Conheço Sarah e Haliny de perto – não só como colegas de trabalho, mas como parceiras de caminhada na educação, na liderança e na missão de transformar pessoas por meio da gestão. Se somarmos nossas trajetórias, já são muitas horas de voo em sala de aula, coordenações, reuniões, decisões difíceis e, principalmente, em escuta ativa e empatia.

Elas não escrevem de fora: escrevem de dentro. Sabem o que é liderar equipes, errar tentando acertar, inovar com recursos limitados e, ainda assim, manter o brilho nos olhos. Sabem o que é precisar conciliar resultados com gente de verdade – gente com histórias, medos, sonhos. Este livro nasce dessa interseção entre teoria e prática, entre técnica e sensibilidade. Por isso, não espere aqui fórmulas prontas, tampouco jargões vazios. Espere profundidade, clareza, ferramentas aplicáveis e uma leitura que te provoca a ser um gestor mais humano, mais estratégico e mais presente.

Ler *Gestão empreendedora de pessoas: conectando liderança, inovação e humanização* é mais do que consumir conteúdo. É um convite para refletir sobre como você lidera, como você se comunica, como você deixa um legado onde atua. É sobre sair do automático e assumir, de fato, o protagonismo na construção de ambientes de trabalho mais inovadores, mais acolhedores e mais coerentes com o mundo que queremos habitar.

E o que você ganha com isso? Ganha potência. Ganha repertório para liderar com mais autenticidade. Ganha coragem para mudar o que precisa ser mudado. E ganha a chance de se tornar exatamente o tipo de gestor ou gestora de que o futuro precisa. Com este livro, Sarah e Haliny entregam algo raro: uma obra que une profundidade acadêmica, experiência prática e coração. E é justamente por isso que ela tem tudo para tocar o seu. Boa leitura. E boa transformação.

ROSANA MATSUSHITA ASSAYAG
Economista, pedagoga, psicodramatista e mestra em educação, com mais de 25 anos de experiência em gestão de pessoas, carreiras e educação. Coordena a tutoria da graduação e extensão do Senac EAD, é pesquisadora, autora de livros, docente e mentora.

Apresentação

Em tempos de rápidas transformações sociais e tecnológicas, este livro se propõe a ser uma bússola para guiar líderes, gestores e profissionais na construção de ambientes organizacionais mais humanos, inovadores e sustentáveis. Com uma abordagem empreendedora e humanizada, a obra oferece um olhar prático e reflexivo sobre os desafios e oportunidades da gestão de pessoas no mundo contemporâneo.

Estruturado em dez capítulos interligados, o livro aborda desde os fundamentos da liderança humanizada e a valorização das especificidades dos colaboradores até as tendências futuras em humanização e empreendedorismo. Cada capítulo traz ferramentas, reflexões e exemplos práticos que facilitam a aplicação dos conceitos no cotidiano profissional. A comunicação como força motriz, a cultura organizacional como base para o crescimento sustentável, e a saúde mental e a inteligência emocional como alicerces da gestão estão entre os temas explorados com profundidade e clareza.

O conteúdo foi organizado para oferecer ao leitor uma experiência dinâmica e enriquecedora. Os critérios escolhidos para a estruturação buscam conectar a teoria à prática, destacando aplicações práticas e relevantes em diferentes contextos organizacionais. As ferramentas e dicas distribuídas ao longo do livro servem como guias para implementar mudanças reais e transformadoras.

Para aproveitar ao máximo o que esta obra tem a oferecer, sugerimos que o leitor se permita refletir sobre as questões levantadas, experimente as ferramentas apresentadas e adapte os conceitos às especificidades de sua organização. Este é um livro que, mais do que ensinar, visa inspirar mudanças, encorajando o leitor a ser um protagonista na transformação de seu ambiente de trabalho.

Ao final da leitura, espera-se que os leitores tenham não apenas adquirido novos conhecimentos, mas também desenvolvido uma visão mais ampla e integrada sobre a gestão de pessoas. Este livro é um convite para repensar práticas, liderar com propósito e criar um legado que combina inovação, empatia e resultados duradouros.

1 Introdução à gestão de pessoas empreendedora e humanizada

Você já se perguntou até que ponto a maneira como você enxerga sua equipe afeta diretamente o seu desempenho e a capacidade de inovação da organização? E se as limitações que você acredita existir fossem, na verdade, fruto de modelos mentais que nunca foram desafiados?

A gestão de pessoas vai muito além de atingir metas e resultados. Ela está profundamente conectada a como vemos o potencial humano e a como moldamos um ambiente onde as pessoas podem realmente florescer. Estamos criando ambientes em que os indivíduos podem inovar e explorar seu potencial criativo? Ou estamos simplesmente replicando modelos antigos, sem questionar sua eficácia?

Em um mundo onde o sucesso organizacional está diretamente relacionado ao engajamento e à motivação das equipes, a liderança humanizada não é só uma estratégia eficiente, mas uma necessidade. Gerir de forma humanizada significa enxergar as pessoas para além de suas funções operacionais. A verdadeira inovação nasce quando os colaboradores sentem que suas vozes são ouvidas, que suas contribuições são valorizadas, e que há espaço para crescer tanto profissional quanto pessoalmente.

Considere o exemplo de uma empresa de tecnologia que, durante anos, seguiu uma liderança tradicional e rígida, focada exclusivamente em resultados de curto prazo. Apesar de contar com uma equipe altamente talentosa, a falta de flexibilidade e de autonomia impedia que as melhores ideias surgissem. A mudança só ocorreu quando a liderança começou a adotar uma abordagem mais humanizada, dando à equipe liberdade para criar, errar e aprender sem medo. O que parecia um risco se transformou em uma poderosa estratégia de inovação. Os resultados não vieram por acaso: a capacidade de criar um ambiente seguro e colaborativo fez a diferença.

Esse exemplo nos leva a uma pergunta central: estamos moldando nossas equipes para o sucesso, oferecendo o ambiente necessário para que cada pessoa alcance seu máximo potencial? Ou estamos limitando o crescimento com práticas e modelos que já não se adequam às demandas do mundo atual? A gestão de pessoas exige muito mais do que processos; ela requer coragem para desafiar o que conhecemos e construir novas formas de liderar em que o bem-estar e o desenvolvimento humano andam lado a lado com a inovação.

Para aprofundarmos essas reflexões, exploraremos a seguir modelos mentais e conceitos fundamentais em gestão de pessoas humanizada, a humanização e o novo perfil do gestor empreendedor, a cultura organizacional e os impactos do comportamento empreendedor. Vamos juntos nessa jornada de conhecimento?

Modelos mentais e conceitos fundamentais em gestão de pessoas humanizada

Imagine a seguinte cena: você entra em uma reunião para discutir o desempenho da sua equipe, preparado para analisar números, metas e resultados. Mas, em algum momento, se depara com uma questão mais profunda – será que a forma como você enxerga as pessoas ao seu redor influencia o potencial que elas têm para inovar e transformar a organização? A resposta pode parecer óbvia, mas a gestão de pessoas, no seu formato mais tradicional, muitas vezes esquece que o sucesso organizacional está diretamente ligado ao modo como se vê e se valoriza o capital humano. E é aqui que entra um novo olhar: a gestão de pessoas empreendedora e humanizada, que propõe um rompimento com antigos padrões, abrindo espaço para um ambiente onde inovação e empatia andam de mãos dadas.

A maneira como gestores tomam decisões e lideram suas equipes é fortemente influenciada pelos modelos mentais que carregam. Essas estruturas internas moldam como interpretam o mundo ao seu redor e, por consequência, como conduzem suas práticas de gestão. A partir dessa perspectiva, surge a necessidade de refletir sobre o que significa, de fato, uma *gestão de pessoas empreendedora*.

A gestão de pessoas empreendedora não se limita a processos operacionais. Ela envolve a capacidade de ver a equipe como um conjunto de indivíduos com talentos únicos, promovendo um ambiente onde cada colaborador tem espaço para desenvolver suas próprias soluções e inovar. O gestor empreendedor não só supervisiona; ele habilita e encoraja sua equipe a transformar desafios em oportunidades, criando um ciclo contínuo de inovação.

No entanto, uma gestão empreendedora eficaz não pode existir sem o elemento da *gestão humanizada*. Ao falar em humanização, muitos gestores podem supor que qualquer forma de liderança naturalmente engloba esse conceito. Nem sempre, porém, a prática corresponde a essa ideia. A gestão humanizada vai além de aplicar boas práticas; ela coloca o ser humano no centro de todas as decisões e valoriza cada indivíduo em sua singularidade. De acordo com França (2019), a liderança humanizada constrói ambientes de trabalho mais produtivos e inovadores, justamente porque os colaboradores se sentem parte integral de algo maior, em vez de serem apenas peças de uma engrenagem.

Essa abordagem não se limita à empatia ou ao bem-estar superficial dos colaboradores. Na verdade, trata-se de um esforço contínuo para criar uma cultura organizacional em que os colaboradores são vistos como parceiros estratégicos, não como meros recursos. Ao fomentar um ambiente no qual as pessoas são incentivadas a crescer, a organização retém talentos e obtém um diferencial competitivo significativo, que reflete diretamente nos resultados e na inovação da empresa.

Um ponto-chave para entender a conexão entre a gestão empreendedora, a humanização e o sucesso organizacional está nos *modelos mentais*. Mas o que são exatamente os modelos mentais? Eles podem ser descritos como as estruturas cognitivas que todos nós carregamos e que moldam a forma como percebemos e processamos o mundo ao nosso redor e reagimos a ele. Esses modelos influenciam cada escolha que fazemos, o modo como interpretamos os desafios e, no contexto da gestão de pessoas, até que ponto somos capazes de liderar de maneira empreendedora e humanizada.

Os modelos mentais são únicos para cada indivíduo. Eles são formados ao longo do tempo por nossas experiências pessoais, pela educação que recebemos, por nossa criação, pelas pessoas com quem convivemos e até por nossa própria personalidade. Uma mesma situação pode ser vivida de maneira completamente diferente por duas pessoas, porque o modelo mental de quem vivenciou uma experiência é muito diferente do de quem apenas ouviu falar dela. Nossos modelos mentais são um filtro por meio do qual interpretamos tudo o que nos acontece – e, em última instância, eles influenciam profundamente a maneira como lideramos e nos relacionamos com os outros.

Para ilustrar isso, imagine dois irmãos que vivem na mesma família. Um dia, o mais novo cai de bicicleta enquanto o mais velho, encarregado pela mãe de cuidar do irmão, observa o acidente. Para o irmão que caiu, a experiência é física, marcada pela dor e pela surpresa da queda. Ele vivencia a vulnerabilidade do momento e aprende algo sobre equilíbrio e cautela. Já o irmão mais velho, que testemunha a queda, experimenta algo completamente diferente: ele não sente a dor física, mas imediatamente pensa nas consequências de não ter protegido o mais novo e na possível repreensão da mãe. O foco de seu aprendizado está na responsabilidade e no medo de ser culpado. Assim, mesmo que ambos compartilhem o mesmo evento, cada um o interpreta de forma única, com base em seu próprio modelo mental.

Esse exemplo simples demonstra como nossas experiências – mesmo quando vividas no mesmo contexto – são processadas de maneira distinta. Cada um de nós forma suas percepções e aprendizagens a partir do que vive, e essas percepções ficam gravadas em nossos modelos mentais, que são a lente pela qual enxergamos o mundo. E é essa lente que determina como reagimos a situações futuras, tanto na vida pessoal quanto no ambiente profissional.

Para esclarecer ainda mais o conceito, o mito da caverna de Platão oferece uma excelente analogia. No mito, os prisioneiros, presos desde o nascimento, veem apenas sombras projetadas na parede da caverna e acreditam que aquela é a única realidade existente. Eles jamais questionam o que pode existir além dessas sombras, pois seus modelos mentais foram moldados para acreditar que o que veem é a verdade absoluta. De forma similar, muitos gestores ficam presos a antigos paradigmas, com percepções limitadas por modelos mentais que não foram desafiados. Eles veem apenas sombras de inovação, sem explorar o verdadeiro potencial das pessoas ao seu redor.

Ilustração do mito da caverna de Platão.
Crédito: 4edges/Wikimedia Commons.

As pessoas que vivem na caverna são moldadas pelas sombras projetadas por aqueles que estão do lado de fora, influenciando suas percepções da realidade. Seus modelos mentais são alimentados por essas narrativas durante toda a vida. Embora sejam fisicamente livres, falta-lhes o interesse ou a coragem de explorar o mundo para além daquilo que conhecem. O medo do desconhecido as mantém presas a uma falsa realidade, reforçando a limitação de suas perspectivas.

Assim como os prisioneiros da caverna, muitos gestores permanecem presos às sombras do que conhecem, sem perceber as oportunidades que existem além dos modelos mentais limitantes. Eles se encontram presos a modelos mentais ultrapassados e restritivos, acreditando que certas práticas tradicionais de liderança são o único caminho para conduzir uma equipe. Esses modelos limitam a visão, fazendo o gestor negligenciar o potencial inovador e humano dos colaboradores apenas porque não consegue enxergar além das sombras de suas próprias percepções.

Os modelos mentais, ao restringirem ou ampliarem a visão de um gestor, são um fator determinante na forma como ele conduz sua equipe. Um gestor preso a antigos paradigmas tende a repetir ações que limitam o crescimento e a inovação. Por outro lado, o gestor que se desafia a romper com esses padrões – que sai da caverna e começa a ver o mundo real da sua equipe – é capaz de reconhecer o verdadeiro potencial de cada colaborador. Essa mudança de percepção é o que transforma uma liderança comum em uma liderança empreendedora e humanizada.

É nesse ponto que a gestão humanizada e a empreendedora se encontram de forma mais clara. O gestor empreendedor vê além das limitações impostas pelos antigos modelos mentais e compreende que, para inovar, é necessário criar um ambiente no qual as pessoas se sintam seguras e motivadas a contribuir com suas ideias e talentos. Assim, a humanização oferece um terreno fértil para a inovação florescer. Como Nakagawa (2012) ressalta, equipes empreendedoras prosperam quando há espaço para que cada colaborador exerça sua autonomia em um ambiente que respeite e valorize suas contribuições únicas.

Ao unir os conceitos de gestão empreendedora e gestão humanizada, o gestor moderno emerge como alguém que está disposto a romper com paradigmas ultrapassados e desafiar suas próprias percepções sobre liderança. A chave para o sucesso está em ajustar constantemente seus modelos mentais, reconhecendo que a liderança do futuro requer flexibilidade, empatia e inovação. O verdadeiro poder do gestor reside em sua capacidade de liderar com propósito e se adaptar às mudanças, sem nunca perder de vista o fator humano que impulsiona a inovação.

Humanização e o novo perfil do gestor empreendedor

Para chegar a uma abordagem mais humanizada, há uma série de mudanças a que o gestor deve se adaptar. Seu papel está em plena evolução. O que antes era visto como uma função puramente técnica, focada em metas e processos, agora se expande para algo muito maior. O gestor de hoje precisa ser mais do que um supervisor de tarefas: ele deve ser um líder inspirador, capaz de transformar ambientes de trabalho em espaços férteis para a inovação e o desenvolvimento humano, sem deixar de trazer resultados organizacionais e desenvolver sua equipe. Neste novo cenário, alcançar resultados não é o único desafio. É preciso fazê-lo por meio de uma gestão que equilibre visão estratégica e humanização.

Neste tópico, vamos explorar como essa nova figura de liderança, o gestor empreendedor e humanizado, está redefinindo o que significa liderar em um mundo em constante transformação.

Hoje, o gestor precisa compreender que as pessoas não são meros instrumentos para alcançar os objetivos da organização; elas são o ativo mais valioso, e é a sua individualidade que faz a diferença. Cada colaborador traz consigo uma bagagem única de experiências, valores e perspectivas – e é essa diversidade que alimenta a inovação e impulsiona o crescimento da empresa. O desafio para o gestor moderno é criar uma cultura em que os colaboradores se sintam vistos, ouvidos e valorizados não apenas por suas habilidades técnicas, mas também pelo que trazem de humano para o ambiente de trabalho.

É nesse ponto que os modelos mentais entram em cena. Assim como cada colaborador carrega sua própria estrutura cognitiva, o gestor também possui um modelo mental único, formado por suas experiências pessoais, sua formação, suas vivências e influências ao longo da vida. Esse modelo mental molda a maneira como o gestor interpreta o mundo, se relaciona com as pessoas e lida com os desafios organizacionais. Um gestor que compreende a importância dessa estrutura mental – tanto a sua quanto a de sua equipe – está mais apto a liderar com flexibilidade, empatia e visão estratégica. Ao ajustar constantemente seu próprio modelo mental, ele consegue se adaptar às mudanças, entender melhor as necessidades humanas de seus colaboradores e promover um ambiente de trabalho que incentiva a inovação.

Ao contrário do perfil tradicional, focado em resultados a qualquer custo, o gestor humanizado entende que o sucesso duradouro não é alcançado somente com a pressão por metas. O verdadeiro motor do desempenho está no engajamento genuíno da equipe, na liberdade para criar e na confiança para arriscar. O gestor empreendedor e humanizado percebe que um colaborador motivado e com autonomia para inovar vai muito além das expectativas, trazendo soluções criativas e assumindo a responsabilidade pelos resultados. Como observa Sampaio (2014), a atitude empreendedora floresce quando as pessoas se sentem encorajadas a explorar novas ideias em um ambiente que respeita suas individualidades e estimula seu desenvolvimento.

O gestor, então, deve combinar sua visão estratégica com uma profunda compreensão das necessidades humanas, reconhecendo que cada membro da equipe tem um modelo mental diferente, uma forma única de interpretar e reagir às situações. Ele sabe que não pode aplicar a mesma abordagem para todos, que é preciso ajustar suas ações de acordo com o modo como cada pessoa percebe o trabalho e as relações no ambiente organizacional. Ao personalizar sua liderança, o gestor humanizado não só atinge os objetivos empresariais como cria uma cultura organizacional em que cada colaborador se sente parte essencial do processo de inovação e sucesso da empresa.

A transformação desse perfil de liderança exige mais do que habilidades técnicas e conhecimento de mercado. Ela requer uma evolução contínua do próprio modelo mental do gestor, que precisa se reconfigurar para liderar de maneira mais sensível e adaptável, considerando o impacto que suas próprias percepções e crenças têm sobre a equipe. Assim, o gestor moderno deve entender profundamente as complexidades humanas que guiam a inovação, o desempenho e o sucesso organizacional.

O empreendedor com esse perfil tem ainda outro diferencial: ele sabe que humanização não é sinônimo de permissividade ou de falta de estrutura. Pelo contrário, dentro de um modelo de gestão empreendedora, a humanização requer uma liderança firme, atenta ao potencial e às necessidades dos colaboradores. Isso significa entender que o desenvolvimento de cada pessoa é um processo único, e que o gestor precisa ajustar suas abordagens para tirar o melhor de cada um, sem perder de vista os objetivos organizacionais. O equilíbrio é delicado, mas, quando bem conduzido, o processo resulta em uma cultura de trabalho muito mais inovadora e engajada.

Pense por um momento nas novas gerações que estão entrando no mercado de trabalho. Além de estabilidade financeira, elas buscam significado em suas atividades diárias. Esse novo perfil de colaboradores quer ser desafiado, deseja contribuir para algo maior e espera ser reconhecido não somente pelo que faz, mas também pelo que é. E cabe ao gestor empreendedor atender a essas expectativas, criando um ambiente em que a criatividade e a autonomia são incentivadas. Nesse contexto, como destaca França (2019), o gestor humanizado se posiciona como um facilitador do crescimento e da inovação, cultivando uma cultura organizacional na qual cada indivíduo se sente parte de um propósito coletivo.

O gestor empreendedor e humanizado, portanto, é alguém que se destaca por sua capacidade de equilibrar metas de negócio com o bem-estar de sua equipe. Ele entende que a inovação não floresce em ambientes de pressão constante, mas em espaços onde há liberdade para testar, falhar e aprender. E isso não acontece por acaso. Esse novo perfil de liderança exige uma reconfiguração dos modelos mentais, para que o sucesso não seja medido apenas pelo desempenho individual, mas pelo impacto coletivo que a equipe é capaz de gerar.

Cultura organizacional e impactos do comportamento empreendedor

O gestor empreendedor e humanizado é também o principal arquiteto da *cultura organizacional*. Quando compreende que seu impacto não se limita à gestão de pessoas, mas se expande para a criação de um ambiente propício à inovação e ao crescimento coletivo, o gestor entende que a cultura organizacional é o alicerce de todo o comportamento empreendedor. Não estamos falando somente de normas e valores formais, mas de algo muito mais profundo – aquilo que realmente define como as pessoas se comportam, colaboram e inovam dentro da organização. E, em um mercado onde a inovação é o diferencial competitivo, o modo como a cultura acolhe ou reprime o comportamento empreendedor pode determinar o sucesso ou a estagnação da empresa.

Imagine por um momento como a cultura de uma empresa pode moldar a forma como a inovação acontece. Você já se perguntou se a cultura de trabalho em que está inserido promove a inovação ou apenas perpetua o que já foi feito tantas vezes antes? Quantas ideias promissoras foram ignoradas ou silenciadas porque o ambiente organizacional não encorajava o risco? Ou porque o erro era tratado com desconfiança em vez de ser visto como parte do processo criativo?

A mentalidade empreendedora, essencial para o crescimento sustentável, requer mais do que uma estrutura de processos bem definidos. Ela precisa de liberdade para florescer. É como uma planta tentando crescer em meio a pedras: se o solo não for preparado para nutrir a criatividade e a autonomia, dificilmente a mentalidade empreendedora sobreviverá. Em muitos casos, uma cultura organizacional rígida pode funcionar como pedras, sufocando qualquer tentativa de inovação antes que ela tenha chance de prosperar.

Em um ambiente hostil à inovação, até as melhores ideias podem murchar. Quantas vezes uma equipe cheia de potencial viu suas iniciativas reprimidas porque "não era o momento certo" ou porque "as coisas sempre foram feitas dessa forma"? Uma cultura que valoriza a conformidade, em vez de incentivar o novo, acaba criando uma barreira invisível, mas poderosa, contra o comportamento empreendedor. Isso nos leva a uma pergunta importante: sua equipe sente liberdade para propor ideias ousadas ou está presa em uma cultura de conformidade?

Considere o exemplo dado no início deste capítulo, de uma empresa de tecnologia que, após anos de liderança tradicional e hierárquica, começou a perder espaço no mercado. Mesmo com talentos excepcionais, a falta de autonomia e a rigidez cultural estavam inibindo qualquer tentativa de inovação. Somente após uma transformação profunda, com a adoção de uma mentalidade empreendedora, em que o erro era tratado como parte natural do processo e o feedback constante era incentivado, a empresa conseguiu se reerguer.

A mudança cultural permitiu que o comportamento empreendedor emergisse e, com ele, os resultados começaram a aparecer. O que mudou não foi só a estratégia da empresa, mas a maneira como as pessoas se sentiam dentro dela. Quando os colaboradores passaram a se sentir seguros para testar e experimentar, a organização viu as ideias florescerem. Então, como sua cultura atual está incentivando ou inibindo o comportamento empreendedor?

Cultura organizacional é, acima de tudo, o ambiente que molda o comportamento das pessoas. É a lente pela qual decisões são tomadas, riscos são avaliados e a inovação é incentivada – ou reprimida. Uma cultura que promove a colaboração, a liberdade para inovar e a aceitação do erro como parte do aprendizado cria as condições ideais para o comportamento empreendedor florescer. Por outro lado, quando a cultura é rígida, centralizadora e avessa a riscos, o comportamento empreendedor enfrenta dificuldades, sendo muitas vezes sufocado antes mesmo de emergir.

A chave do sucesso para o gestor empreendedor e humanizado é entender que a cultura organizacional precisa ser constantemente nutrida. Não basta permitir a inovação em momentos específicos ou esperar que ela aconteça sem o suporte adequado. Criar um ambiente que valorize a autonomia e a colaboração é fundamental para que o comportamento empreendedor se torne parte intrínseca da organização. E, à medida que esse comportamento se fortalece, a própria cultura organizacional se transforma, tornando-se mais resiliente, adaptável e preparada para os desafios do futuro.

A cultura organizacional, portanto, é um campo fértil para a inovação ou uma barreira que precisa ser superada. O gestor empreendedor, com sua visão humanizada, tem a responsabilidade de garantir que o ambiente esteja preparado para acolher novas ideias, permitindo que a inovação prospere de forma sustentável. Afinal, é a combinação de uma cultura forte e um comportamento empreendedor que molda o futuro das organizações.

Arrematando as ideias

A humanização, quando combinada com uma visão estratégica e empreendedora, tem impacto real na gestão de pessoas e nos resultados organizacionais. Mais do que uma simples tendência, essa abordagem representa uma transformação necessária para qualquer líder que deseja se manter relevante em um mercado em constante evolução.

Humanizar a gestão não é apenas uma questão de empatia; é uma estratégia poderosa. Quando os gestores começam a enxergar as pessoas como indivíduos complexos, com talentos únicos e modelos mentais próprios, abre-se um novo horizonte de possibilidades. O colaborador deixa de ser visto como só mais uma peça no mecanismo e passa a ser considerado uma fonte de inovação, criatividade e crescimento para a organização. E é nesse ponto que a verdadeira revolução acontece: a cultura organizacional se transforma.

Cultura organizacional, afinal, é muito mais do que normas e diretrizes formais. Ela é o coração pulsante de uma empresa, ditando como as pessoas colaboram, inovam e enfrentam desafios.

Um gestor que compreende isso é capaz de construir uma cultura que não só permite a inovação como a promove ativamente. Ele ajusta seus próprios modelos mentais para liderar de forma mais flexível, adaptando-se às demandas dinâmicas de sua equipe e do mercado.

Pense na sua própria equipe, no ambiente que você tem criado. Você está oferecendo o espaço necessário para que cada indivíduo atinja seu potencial máximo? Está desafiando seus próprios modelos mentais para ir além do que sempre foi feito? Ou ainda se encontra preso a práticas que, apesar de familiares, limitam o crescimento da sua equipe e da sua empresa?

Uma gestão humanizada e empreendedora requer coragem – coragem para desafiar o conhecido, abrir espaço para o novo e permitir que o erro faça parte do processo de aprendizado. Ao adotar essa mentalidade, você estará criando um ambiente onde as pessoas podem florescer e posicionando sua organização na dianteira do jogo da inovação. Porque, no final das contas, os resultados extraordinários vêm quando damos às pessoas a liberdade para serem extraordinárias.

A verdadeira liderança está em saber que o crescimento organizacional só acontece de forma sustentável quando andamos lado a lado com o crescimento humano. Quando você humaniza a gestão, a inovação não é uma escolha, mas uma consequência natural.

2 Conhecendo e valorizando as especificidades dos colaboradores

Hoje as mudanças ocorrem em ritmo frenético e as organizações enfrentam desafios cada vez mais complexos. A liderança deixou de se limitar a gerenciar processos ou alcançar metas e se transformou em uma arte que demanda sensibilidade, visão estratégica e, acima de tudo, habilidade de conectar pessoas e ideias. Mas o que diferencia um líder comum de um líder verdadeiramente transformador? É a capacidade de enxergar além das superfícies, reconhecer as individualidades que compõem uma equipe e criar um ambiente onde essas diferenças se convertem em força e inovação.

Ao longo deste capítulo, exploraremos como práticas como diversidade, inclusão, inovação e personalização podem criar equipes mais coesas e resilientes. No entanto, é fundamental destacar que a liderança efetiva vai além de conceitos teóricos. Ela é uma prática viva e dinâmica que requer a capacidade de compreender as complexidades humanas e organizacionais.

Como líderes podem criar espaços que valorizem a autenticidade de cada indivíduo e, ao mesmo tempo, alinhem essas particularidades aos objetivos estratégicos da organização? Essa é a pergunta que guia nossa discussão e provoca uma reflexão profunda sobre o papel da liderança no cenário contemporâneo.

O convite, portanto, é para que você não apenas absorva os conceitos apresentados, mas também questione e aplique essas ideias no seu dia a dia. Como você pode adaptar sua abordagem para maximizar o potencial de sua equipe? Você está disposto a abraçar a complexidade e a diversidade que cada colaborador traz para o ambiente de trabalho? Liderar é mais do que gerenciar; é transformar realidades, impulsionar inovações e construir legados. É nesse contexto que exploramos como liderar com foco em diversidade e inclusão, reconhecer potencialidades e motivadores e, finalmente, personalizar estilos de liderança para diferentes perfis.

Liderança com foco em diversidade e inclusão

Vamos começar esse capítulo refletindo sobre como o mundo do trabalho hoje demanda líderes capazes de enxergar a singularidade de cada colaborador, criando espaços em que todos se sintam reconhecidos e respeitados. Diversidade e inclusão, mais do que conceitos amplamente discutidos, são práticas estratégicas que fortalecem as organizações ao promoverem uma ampla gama de perspectivas e ideias.

Liderar com foco na diversidade significa entender que as diferenças individuais – culturais, de gênero, geracionais ou de habilidades – não representam obstáculos, mas oportunidades para criar equipes mais criativas e resilientes. Além de incentivar a inovação, esse tipo de liderança fortalece o vínculo emocional entre colaboradores e empresa.

Imagine um time de futebol composto exclusivamente por artilheiros. Por mais habilidosos que sejam, quem defenderá o gol? Quem organizará o meio de campo? Para que uma equipe atinja seus objetivos, é indispensável uma composição rica e diversificada, com jogadores que possuam habilidades e competências complementares. Laterais, zagueiros, meio-campistas e atacantes precisam atuar em sinergia, cada um contribuindo com sua especialidade, mas trabalhando juntos para executar uma estratégia maior.

Estratégia de um time de futebol.

Nas organizações, a lógica é semelhante. A diversidade de competências, comportamentos e perspectivas dentro de um time possibilita que as ideias fluam, que as soluções sejam criadas e a inovação se torne um diferencial. Sem essa diversidade, corre-se o risco de perpetuar os mesmos padrões, o que limita a capacidade de inovar e de reagir a um mercado dinâmico. Equipes diversas criam, por meio da complementaridade de suas características, um ambiente fértil para a inovação e para comportamentos intraempreendedores, com cada colaborador agindo como catalisador de melhorias e mudanças.

De acordo com Sampaio (2014), o comportamento empreendedor é caracterizado pela capacidade de identificar oportunidades, mobilizar recursos e criar soluções, mesmo diante de adversidades. Quando esse comportamento é aplicado dentro das organizações, temos o intraempreendedorismo: a prática de atuar de forma inovadora dentro de um ambiente corporativo, transformando desafios em avanços estratégicos. Organizações que incentivam o intraempreendedorismo não apenas retêm talentos, mas também se posicionam como protagonistas em seus mercados, com soluções criativas e sustentáveis.

Inovar é fundamental para as organizações se manterem competitivas em um mercado dinâmico, complexo e globalizado. Mais do que um diferencial competitivo, a inovação é um mecanismo de sobrevivência que permite que as empresas respondam a mudanças, antecipem tendências e resolvam problemas de maneira criativa e eficaz. Para o intraempreendedor e o gestor de pessoas estratégico e humanizado, a inovação vai além do desenvolvimento de novos produtos ou serviços. Ela cria valor ao transformar processos, culturas e modelos de trabalho, promovendo engajamento e um ambiente de aprendizado contínuo.

Para o intraempreendedor, inovação é a habilidade de identificar oportunidades dentro da organização e transformar ideias em ações concretas que gerem valor. Esse perfil age como um agente de mudanças, utilizando recursos existentes para propor melhorias nos processos, criar novas estratégias ou solucionar desafios organizacionais. O intraempreendedorismo não exige necessariamente grandes investimentos ou revoluções, mas sim um olhar aguçado para identificar pequenas melhorias com grande impacto.

Já para o gestor de pessoas estratégico e humanizado, inovação é um processo que começa com a compreensão profunda das necessidades humanas no ambiente organizacional. Esse tipo de gestor entende que inovação em gestão de pessoas não se resume a adotar novas ferramentas tecnológicas, abrangendo também práticas que promovem bem-estar, diversidade, inclusão e o alinhamento das aspirações dos colaboradores com os objetivos da organização.

Inovar, nesse contexto, significa repensar estruturas e processos de gestão, criando espaços seguros para o diálogo, estimulando o pensamento crítico e oferecendo oportunidades de crescimento personalizadas. Além disso, o gestor humanizado reconhece que a inovação está diretamente conectada à cultura organizacional. Uma cultura que valoriza experimentação, aprendizagem com erros e colaboração é essencial para que as ideias inovadoras floresçam e possam ser aplicadas com sucesso.

★ IMPORTANTE

Ao longo da leitura deste livro e ao pensar seu comportamento sob uma nova perspectiva, mantenha em mente os três conceitos definidos a seguir.

- **Comportamento empreendedor**: capacidade de identificar oportunidades, mobilizar recursos e criar soluções, mesmo diante de adversidades.
- **Intraempreendedorismo**: a prática de atuar de forma inovadora dentro de um ambiente corporativo, transformando desafios em avanços estratégicos.
- **Inovação**: criação de valor ao transformar processos, culturas e modelos de trabalho, promovendo engajamento e um ambiente de aprendizado contínuo.

Um gestor com mentalidade inclusiva adota práticas que vão desde a conscientização sobre vieses inconscientes até a criação de políticas organizacionais que promovam equidade. Vale destacar, porém, que inclusão vai além de preencher cotas ou implementar iniciativas isoladas. Incluir é criar um ambiente em que cada pessoa se sinta à vontade para contribuir com autenticidade, sabendo que suas particularidades são valorizadas.

Essa abordagem exige do líder habilidades interpessoais refinadas e a capacidade de se conectar genuinamente com cada membro da equipe. O gestor empreendedor e humanizado é aquele que considera as necessidades e aspirações individuais dos colaboradores, sem perder de vista os objetivos organizacionais. Líderes que combinam diversidade e inclusão com estratégias bem definidas percebem que equipes heterogêneas podem solucionar problemas de maneira mais eficaz, graças à diversidade de pensamentos e experiências que trazem à mesa.

No quadro 2.1, resumimos os conceitos discutidos até aqui para mostrar como a liderança focada em diversidade e inclusão se diferencia do modelo tradicional de liderança.

Quadro 2.1 – Liderança tradicional × liderança focada em diversidade e inclusão

Aspecto	Liderança tradicional	Liderança focada em diversidade e inclusão
Visão sobre diversidade	Foco limitado em diversidade, com pouca valorização de diferenças individuais.	Diversidade como ativo estratégico, valorizando perspectivas diversas.
Abordagem à inclusão	Políticas formais, mas pouca aplicação prática no dia a dia.	Inclusão prática, criando ambientes seguros e acessíveis para todos.
Estilo de comunicação	Vertical, com pouca abertura para feedback e diálogo.	Horizontal e colaborativa, promovendo diálogo e escuta ativa.
Impacto no engajamento	Engajamento limitado a grupos específicos, muitas vezes desmotivando minorias.	Maior engajamento de todos os grupos, gerando senso de pertencimento.

(cont.)

Aspecto	Liderança tradicional	Liderança focada em diversidade e inclusão
Impacto na inovação	Baixa inovação devido à homogeneidade de ideias.	Alta inovação, com ideias complementares e soluções criativas.
Comportamento empreendedor	Pouco estímulo para assumir riscos e propor soluções inovadoras.	Estímulo à criatividade, incentivo à resolução de problemas e valorização de ideias disruptivas.
Intraempreen-dedorismo	Raro reconhecimento ou incentivo a iniciativas internas, focando em processos rígidos.	Promoção de um ambiente favorável a iniciativas internas que geram valor estratégico.

Reconhecer o que move e potencializa cada colaborador é um diferencial indispensável para líderes que desejam construir equipes inovadoras e conectadas. Isso é enxergar além do óbvio, valorizando as individualidades e transformando talentos em alavancas para resultados estratégicos, como veremos a seguir.

Reconhecendo potencialidades e motivadores dos colaboradores

Reconhecer as potencialidades e os motivadores individuais dos colaboradores é um dos pilares de uma gestão estratégica e humanizada. Em um cenário de mudanças constantes e demandas cada vez mais específicas, compreender o que impulsiona cada indivíduo no ambiente de trabalho é uma habilidade indispensável para o gestor de pessoas. Além disso, identificar e desenvolver essas potencialidades vai além dos resultados organizacionais: trata-se de alinhar aspirações pessoais aos objetivos empresariais, promovendo um ambiente de crescimento mútuo.

Você deve estar se perguntando qual a importância de conhecer as potencialidades individuais dos colaboradores. Cada colaborador carrega consigo um conjunto único de habilidades, conhecimentos e experiências. No entanto, essas potencialidades nem sempre são evidentes ou valorizadas dentro das organizações. Muitas vezes, a rotina operacional e a priorização de metas numéricas podem obscurecer talentos que, se reconhecidos, contribuiriam significativamente para a inovação e o desempenho coletivo.

Um líder estratégico compreende que as pessoas não devem ser vistas como recursos estáticos, mas como *indivíduos em constante evolução.* Reconhecer potencialidades significa olhar além dos papéis tradicionais atribuídos, buscando identificar habilidades subutilizadas ou mesmo características não diretamente relacionadas às funções desempenhadas, mas que podem gerar impacto positivo no ambiente organizacional. Por exemplo, um colaborador técnico pode revelar um talento para liderança, enquanto outro, mais reservado, pode possuir uma excepcional habilidade analítica.

Ferramentas como avaliações de perfil comportamental, feedbacks estruturados e análises de desempenho são essenciais nesse processo. Elas permitem ao gestor mapear talentos e competências, criando um panorama claro das capacidades da equipe. Porém, mais importante do que as ferramentas é a postura do líder, que deve demonstrar interesse genuíno pelas pessoas e suas histórias.

A motivação é um fator intrinsecamente ligado ao desempenho dos colaboradores. Entretanto, os motivadores não são universais: o que inspira uma pessoa pode não ter o mesmo efeito em outra. Identificar impulsos individuais é, portanto, um dos grandes desafios da gestão de pessoas. Entre os motivadores mais comuns estão o reconhecimento, a autonomia, o propósito, a estabilidade e as oportunidades de desenvolvimento. Esses elementos são a principal chave para o engajamento e uma performance diferenciada.

Reconhecer motivadores exige uma abordagem personalizada. Um colaborador que valoriza o equilíbrio entre vida pessoal e profissional pode se sentir mais engajado em uma organização que oferece horários flexíveis. Já alguém com perfil competitivo pode se beneficiar de desafios que estimulem a superação.

Compreender o comportamento empreendedor envolve reconhecer como os indivíduos se movem em direção aos seus objetivos, mesmo diante de adversidades. O comportamento empreendedor, afinal, está diretamente ligado aos motivadores, uma vez que pessoas motivadas tendem a inovar, assumir responsabilidades e buscar soluções criativas – comportamentos que, quando incentivados, criam um ambiente organizacional dinâmico e resiliente.

Para que o gestor consiga alinhar os motivadores individuais às metas organizacionais, algumas práticas estratégicas podem ser implementadas:

» **Diálogo contínuo:** conversas regulares com os colaboradores são fundamentais para compreender suas aspirações, identificar eventuais insatisfações e alinhar expectativas.
» **Ambiente de confiança:** um local de trabalho em que as pessoas se sintam seguras para expressar suas opiniões e necessidades favorece o engajamento e a inovação.
» **Customização de incentivos:** recompensas e reconhecimentos adaptados às preferências dos colaboradores aumentam a eficácia das ações motivacionais.
» **Feedbacks construtivos e regulares:** feedbacks bem estruturados ajudam os colaboradores a entender seu desempenho e a identificar pontos de crescimento.

Reconhecer as potencialidades e os motivadores dos colaboradores é um dos passos mais estratégicos que um líder pode dar em direção à criação de equipes engajadas e inovadoras. Essa prática exige sensibilidade, ferramentas adequadas e uma liderança baseada no respeito e na valorização do indivíduo. Quando suas necessidades são atendidas, os colaboradores não só entregam resultados superiores como se tornam embaixadores da cultura organizacional, contribuindo para a construção de um ambiente de trabalho positivo e inspirador.

Até aqui, buscamos discutir como líderes podem identificar e valorizar as características únicas de seus colaboradores, promovendo um ambiente inclusivo e alinhado às demandas organizacionais. A seguir, aprofundaremos como a personalização do estilo de liderança pode potencializar ainda mais o impacto das práticas abordadas neste capítulo.

Personalização do estilo de liderança para diferentes perfis

A gestão de pessoas exige que o líder vá além de práticas generalistas e abrace a personalização como estratégia central na condução de suas equipes. Após explorarmos os conceitos de diversidade, inclusão, potencialidades e motivadores, é natural avançarmos para uma das práticas mais transformadoras no universo da liderança: *a adaptação do estilo de liderança às necessidades e características específicas de cada colaborador.*

Cada indivíduo é único, trazendo consigo um conjunto de valores, expectativas, habilidades e formas de se relacionar com o trabalho. Ao reconhecer essa singularidade, o líder transforma sua equipe em um organismo vivo, dinâmico e colaborativo. A personalização na liderança não é sinal de inconsistência, mas de inteligência emocional e flexibilidade estratégica. Ela reflete a capacidade de um gestor em ajustar suas abordagens para potencializar o desempenho de diferentes perfis, criando um ambiente onde todos se sintam compreendidos e motivados.

A personalização também desempenha um papel fundamental no engajamento. Colaboradores que percebem que suas necessidades e preferências são consideradas têm maior senso de pertencimento e demonstram maior disposição para contribuir com inovação e resultados. Essa prática, quando integrada a uma gestão humanizada, gera efeitos positivos tanto na retenção de talentos quanto na performance organizacional.

Imagine uma equipe composta por colaboradores com características totalmente distintas. Há aqueles que se sentem mais confortáveis com autonomia, enquanto outros buscam orientação e feedback constantes. Algumas pessoas são movidas pelo reconhecimento público, enquanto outras valorizam mais o equilíbrio entre a vida pessoal e profissional. Um líder que personaliza sua abordagem para atender a essas diferentes expectativas promove maior satisfação, desempenho e colaboração dentro da equipe. Por exemplo:

» **Colaboradores experientes:** geralmente apreciam autonomia e oportunidades de contribuir estrategicamente. Para eles, uma abordagem delegadora pode ser mais eficaz.

- **Colaboradores em início de carreira:** tendem a valorizar orientações claras e feedbacks frequentes, precisando de um estilo de liderança mais diretivo e de suporte.
- **Perfis analíticos:** respondem melhor a informações detalhadas e decisões baseadas em dados.
- **Perfis criativos:** podem preferir liberdade para experimentar novas ideias.

Para personalizar a liderança, é fundamental começar por um profundo *processo de autoconhecimento*. Nesse processo, antes de tentar ajustar seu estilo para atender às necessidades de sua equipe, o líder deve compreender quem ele é como líder, identificar seus pontos fortes e reconhecer áreas que precisam de desenvolvimento. Esse nível de entendimento sobre si mesmo permite que o gestor faça ajustes conscientes em suas interações, adaptando sua abordagem de forma genuína e estratégica aos diferentes perfis que compõem sua equipe.

Mapeamento dos perfis dos colaboradores.

Além disso, o *mapeamento dos perfis dos colaboradores* é uma etapa fundamental nesse processo. No mapeamento dos perfis, podem ser utilizadas ferramentas como assessments comportamentais, avaliações de desempenho e feedbacks estruturados, que ajudam a revelar as preferências, habilidades e expectativas individuais. Essas informações fornecem ao líder um panorama mais claro das potencialidades de sua equipe, permitindo que ele tome decisões informadas sobre como gerenciar e motivar seus colaboradores.

A *comunicação* também desempenha um papel central na personalização da liderança. Ajustar o tom, o canal e a frequência da comunicação de acordo com o perfil de cada colaborador é um passo indispensável para criar conexões autênticas e eficazes. Enquanto alguns profissionais podem preferir interações diretas e frequentes, outros podem valorizar uma abordagem mais autônoma e estratégica. A habilidade do líder de reconhecer essas diferenças e se adaptar é determinante para construir um ambiente de confiança e colaboração.

Comunicação do líder.

Por fim, o *treinamento* e o *desenvolvimento contínuo* do próprio líder são pilares para garantir que a personalização seja aplicada de maneira consistente. Investir no aprimoramento de habilidades como escuta ativa, empatia e gestão emocional permite que o líder esteja sempre preparado para lidar com os desafios e dinâmicas únicas de sua equipe. Esses esforços refletem um compromisso com o crescimento, não apenas individual, mas do grupo como um todo, criando um ciclo virtuoso de aprendizado e adaptação.

No seu contexto profissional, você já parou para pensar no impacto transformador da personalização? Mais do que uma simples técnica, ela é uma filosofia que redefine a forma como líderes interagem com suas equipes. Será que uma abordagem única pode realmente atender às expectativas e necessidades de pessoas tão diversas? Quando líderes reconhecem que cada colaborador é único e aplicam esse princípio de modo consciente, eles não apenas potencializam o desempenho individual, mas criam uma sinergia capaz de transformar equipes em verdadeiros motores de inovação e resultados.

Fica evidente, portanto, que a personalização é um dos pilares mais poderosos da gestão empreendedora e humanizada. Valorizando a singularidade de cada colaborador, promovendo a diversidade como ativo estratégico e alinhando motivadores individuais aos objetivos organizacionais, os líderes têm a oportunidade de construir equipes que transcendem o comum. Além de resultados concretos, a personalização deixa um legado organizacional fundamentado no respeito, na criatividade e na colaboração genuína.

Arrematando as ideias

Ao longo desta jornada, temos visto como a liderança contemporânea exige muito mais do que técnicas padronizadas ou fórmulas prontas. Liderar, no mundo de hoje, é um convite constante à reinvenção: um chamado para enxergar as pessoas como indivíduos únicos, com histórias, talentos e motivações próprias. É perceber que as diferenças, quando reconhecidas e valorizadas, não fragmentam equipes, mas as fortalecem, transformando a diversidade em um poderoso motor de inovação e crescimento.

Refletimos sobre a importância de alinhar a singularidade de cada colaborador aos objetivos organizacionais, de criar espaços seguros para o diálogo e de adaptar estilos de liderança às necessidades de diferentes perfis. Esses conceitos não são meras tendências passageiras, mas pilares sólidos para construir organizações mais resilientes, inclusivas e competitivas. E, acima de tudo, são ferramentas para transformar o ambiente de trabalho em um espaço de realização pessoal e profissional, no qual todos têm a oportunidade de contribuir e prosperar.

Encerramos com um questionamento: como você, enquanto líder, está moldando o futuro das pessoas ao seu redor? Você está disposto a adotar práticas que transcendam o óbvio e realmente impactem as vidas que cruzam seu caminho? A liderança humanizada e empreendedora não é apenas uma escolha; é uma necessidade para aqueles que desejam deixar um legado baseado no respeito, na inovação e na colaboração genuína. Afinal, a verdadeira liderança é, antes de tudo, um ato de transformação.

3

Comunicação empreendedora e humanizada: estilos e práticas

A comunicação, mais do que uma habilidade, é uma força motriz que molda o funcionamento das organizações. É por meio dela que ideias são compartilhadas, decisões são tomadas e conexões são estabelecidas. Contudo, quando pensamos na diversidade de estilos de comunicação e no impacto direto que eles têm no clima organizacional, percebemos que a comunicação não é tão simples quanto parece. Pois essa habilidade não diz respeito apenas àquilo que dizemos, mas também a como e quando dizemos, e isso tem implicações profundas na forma como as equipes interagem, colaboram e prosperam.

Este capítulo explora a complexa relação entre estilos de comunicação e o ambiente organizacional, destacando o papel da cultura corporativa no modo como interações são moldadas. Em um mundo cada vez mais digital e interconectado, onde dispositivos mediadores de comunicação ocupam boa parte do nosso tempo, é indispensável entender as nuances de como falamos e do que deixamos de falar.

Liderar em contextos diversificados e digitais exige um olhar atento para os efeitos que diferentes abordagens comunicativas podem ter sobre a produtividade, o engajamento e até mesmo a saúde emocional das equipes. Assim, este capítulo reflete sobre os desafios da comunicação no ambiente de trabalho e apresenta práticas e estratégias inovadoras que podem transformar a maneira como líderes e colaboradores se conectam.

Ao longo da leitura, você será convidado a repensar o papel da comunicação nas organizações, considerando como ela pode ser uma poderosa ferramenta para criar culturas organizacionais mais humanas, resilientes e produtivas. Prepare-se para explorar os estilos de comunicação e suas implicações com uma perspectiva inovadora e aplicável à realidade contemporânea.

Estilos de comunicação e influência do clima organizacional

A comunicação é o fio condutor das interações humanas e ocupa um papel central na dinâmica organizacional, permeando todas as relações e processos. No entanto, é importante refletir sobre quantos conflitos surgem justamente por falhas ou mal-entendidos comunicativos. Seja em recados curtos enviados em aplicativos de mensagens instantâneas, seja em e-mails ou reuniões virtuais e presenciais, a comunicação ativa faz parte de nossa rotina, consumindo uma parcela significativa de nosso tempo diário.

De acordo com Nazar (2023), estudos indicam que os brasileiros passam, em média, 56% do tempo em que estão acordados em frente a telas de smartphones e computadores, o que equivale a aproximadamente nove horas diárias. Esse dado ressalta a intensidade das interações mediadas por dispositivos eletrônicos, englobando a comunicação verbal, via áudio, vídeo e escrita, e até mesmo a não verbal, como os silêncios que também carregam significados.

A comunicação está profundamente ligada à cultura organizacional, que define não apenas o que é comunicado, mas também como e quando as interações ocorrem dentro de uma empresa. A cultura de acionar os colaboradores o tempo todo, ou a de nunca os acionar, reflete valores, práticas e normas que orientam as relações interpessoais e os fluxos comunicativos no ambiente de trabalho.

Na figura 3.1, podemos ver como o tempo gasto com comunicação é distribuído em meios diversos, que exigem diferentes habilidades dos líderes: fala, escrita, comunicação não verbal, etc.

Os dados ressaltam a intensidade das interações mediadas por dispositivos eletrônicos, cuja dinâmica é diretamente influenciada pela cultura organizacional. Em ambientes onde a cultura promove a hipercomunicação, colaboradores frequentemente são acionados por meio de mensagens, e-mails e chamadas, criando um fluxo contínuo de comunicação que pode gerar desgaste emocional, falta de foco e dificuldade para equilibrar vida profissional e pessoal. Nesses casos, mesmo os silêncios – ou a ausência de respostas imediatas – podem ser interpretados como mensagens, como desinteresse ou falta de comprometimento, demonstrando o quanto o contexto cultural molda as percepções.

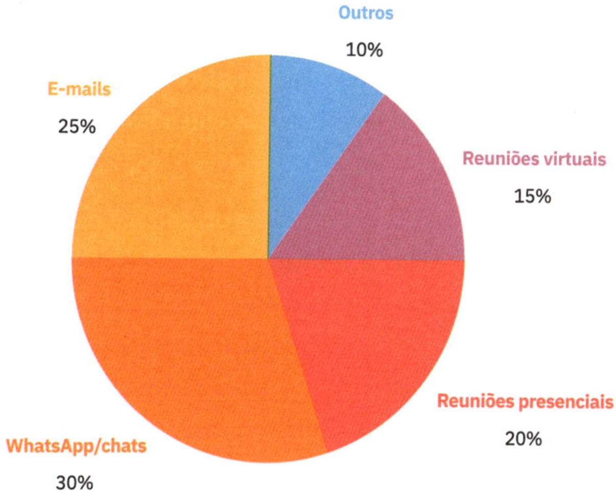

Figura 3.1 – Distribuição do tempo médio gasto em comunicação no trabalho
Fonte: adaptado de McKinsey Global Institute (2012).

Por outro lado, culturas organizacionais que evitam a comunicação frequente, por ineficiência ou um estilo mais rígido, podem criar barreiras que dificultam a troca de informações e a colaboração. Nesse cenário, a ausência de comunicação ativa também pode ser carregada de significados implícitos, como desmotivação ou negligência.

A alta intensidade de interações digitais no dia a dia desafia as organizações modernas a encontrar um equilíbrio para manter seus colaboradores informados e conectados sem sobrecarregá-los com uma cultura de hiperconectividade. Líderes devem estar atentos para moldar práticas comunicativas que respeitem tanto a necessidade de eficiência quanto o bem-estar de suas equipes. Esse equilíbrio, quando bem gerido, fortalece o clima organizacional e reflete diretamente na satisfação e na produtividade.

A intensidade e a frequência da comunicação revelam a importância de compreendermos os diferentes estilos e suas implicações no ambiente organizacional. Estilos autoritários, que centralizam informações e limitam o diálogo, podem ser eficazes em situações pontuais, mas tendem a criar barreiras emocionais e aumentar a possibilidade de conflitos. Por outro lado, estilos participativos e colaborativos, que incentivam o diálogo aberto, têm o potencial de mitigar desentendimentos ao promover empatia e clareza nas interações.

A influência da comunicação no clima organizacional é evidente no impacto que ela exerce sobre a confiança e o engajamento das equipes. Um ambiente de trabalho no qual a comunicação é fluida e respeitosa favorece a resolução de problemas, a criatividade e a inovação. No entanto, ferramentas de comunicação digital, como e-mails, chats corporativos e videoconferências, também apresentam desafios específicos. A falta de nuances de tom e expressões faciais nesses meios pode intensificar mal-entendidos, destacando ainda mais a importância de uma comunicação assertiva e empática.

Por esse motivo, a crescente adesão à comunicação não violenta (CNV) no discurso dos líderes organizacionais não é mera coincidência. Ela surge como uma resposta às tensões cada vez mais presentes em ambientes diversificados e complexos. Mas por que a CNV tem ganhado espaço? A resposta está na necessidade de promover um ambiente mais inclusivo, onde as pessoas se sintam ouvidas e respeitadas. Essa abordagem não só reduz conflitos como fortalece a confiança e o senso de pertencimento, elementos fundamentais para um clima organizacional positivo.

A CNV reflete uma mudança significativa nas lideranças contemporâneas, que reconhecem *o impacto profundo das palavras nas relações humanas*. Essa abordagem propõe uma forma de se expressar que equilibra honestidade e empatia, permitindo que mensagens difíceis sejam transmitidas sem causar rupturas. Além disso, ela responde à necessidade de adaptação a um cenário em que a comunicação ultrapassa barreiras físicas, culturais e temporais, sendo conduzida por meio de plataformas digitais que ampliam o alcance mas também os desafios das interações.

O equilíbrio entre comunicação eficiente e respeitosa é essencial para moldar ambientes de trabalho nos quais confiança, criatividade e inovação prosperam. Líderes que compreendem o impacto de suas palavras e adotam estilos comunicativos mais colaborativos e assertivos estão mais bem preparados para enfrentar os desafios da hipercomunicação e das interações mediadas por dispositivos digitais.

No próximo tópico, vamos nos aprofundar nas práticas e nos desafios da CNV, entendendo como seus princípios podem ser aplicados para transformar interações em diferentes cenários, desde contextos diversificados até ambientes virtuais e híbridos. Afinal, a comunicação bem gerida não é apenas um diferencial organizacional, mas também uma expressão de valores e propósito.

Comunicação não violenta: princípios e aplicações

A CNV, concebida por Marshall Rosenberg, é uma abordagem que busca transformar a maneira como nos expressamos e ouvimos, promovendo interações baseadas na empatia, no respeito mútuo e na autenticidade. No contexto organizacional, essa prática vem ganhando espaço como uma ferramenta indispensável para melhorar relacionamentos, reduzir conflitos e criar ambientes mais colaborativos e inclusivos. Mas por que se fala tanto de comunicação não violenta? A resposta está na crescente complexidade das relações interpessoais, especialmente em ambientes heterogêneos e globais, onde diferenças culturais, geracionais e individuais podem intensificar mal-entendidos.

Falar sobre CNV é reconhecer que a comunicação é mais do que a troca de palavras. Ela envolve percepções, emoções e necessidades que muitas vezes permanecem implícitas ou não verbalizadas. Em um mundo cada vez mais conectado por dispositivos digitais, onde nuances de tom e expressões faciais frequentemente se perdem, a CNV oferece um modelo para superar as barreiras da comunicação e fomentar interações mais humanas e respeitosas. Além disso, no ambiente corporativo, ela atende à demanda por lideranças capazes de construir confiança e promover o engajamento em equipes diversas.

Comunicação não violenta.

Os princípios fundamentais da CNV incluem quatro pilares, descritos no quadro 3.1.

Quadro 3.1 – Princípios da comunicação não violenta

Princípios da comunicação não violenta	Descrição
Observação sem julgamento	Descrever uma situação de maneira neutra, sem emitir opiniões ou acusações.
Identificação de sentimentos	Expressar as emoções que surgem diante de uma situação, criando espaço para a vulnerabilidade e a conexão.
Reconhecimento de necessidades	Compreender as motivações subjacentes aos sentimentos expressos.
Formulação de pedidos claros	Transformar as necessidades identificadas em ações práticas que possam ser atendidas.

Os princípios da CNV, embora simples na teoria, têm um impacto profundo quando aplicados na prática. Em contextos organizacionais, por exemplo, um gestor que adota a CNV pode abordar um colaborador recorrentemente atrasado dizendo: "Notei que você chegou depois do horário combinado nos últimos dias (observação). Isso me preocupa, pois estou sentindo que isso pode afetar o ritmo da equipe (sentimento). Preciso garantir que todos estejam alinhados às metas diárias (necessidade). O que podemos fazer para ajustar isso? (pedido)". Esse tipo de abordagem evita acusações e cria espaço para um diálogo construtivo.

A CNV tem aplicações diversas e pode ser adaptada a diferentes cenários, incluindo ambientes heterogêneos e globais. Em contextos multiculturais, a CNV ajuda a superar barreiras linguísticas e culturais ao priorizar o entendimento mútuo. Imagine, por exemplo, uma equipe formada por pessoas de diferentes países, com estilos de comunicação que variam significativamente. Enquanto algumas culturas priorizam a comunicação direta, outras podem preferir abordagens mais indiretas. A CNV serve como uma ponte ao focar as necessidades universais que conectam todas as pessoas, independentemente de suas origens.

★ VOCÊ SABIA?

Você sabia que a CNV pode transformar equipes globais? Imagine um líder gerenciando uma equipe multicultural em que membros de diferentes países têm estilos de comunicação distintos: alguns preferem ser diretos, enquanto outros optam por uma abordagem mais sutil. Diante de um conflito sobre prazos, o líder usa a CNV para mediar a situação. Ele observa o problema sem julgamento, dizendo: "Percebi que houve divergências sobre os prazos acordados" (observação). Em seguida, expressa seus sentimentos: "Isso me preocupa, porque pode impactar a entrega do projeto" (sentimento). Então, identifica a demanda da equipe: "É importante garantir clareza e alinhamento entre todos" (necessidade). Por fim, faz um pedido claro: "Podemos ajustar o cronograma e definir pontos de controle para garantir que todos estejam confortáveis com o planejamento?" (pedido).

Essa abordagem evita acusações e promove um diálogo construtivo, demonstrando como a CNV pode melhorar a confiança e o engajamento em equipes globais, mesmo diante de desafios culturais e linguísticos.

No ambiente digital, a CNV também tem papel vital. Com o aumento do trabalho remoto e híbrido, grande parte das interações ocorre por meio de e-mails, mensagens instantâneas e videoconferências, em que o tom de voz e a linguagem corporal são frequentemente mal interpretados. Incorporar os princípios da CNV nesses contextos ajuda a criar mensagens claras e empáticas, minimizando conflitos que podem surgir devido a interpretações equivocadas. Por exemplo, em uma mensagem de feedback por e-mail, a observação sem julgamento e a formulação de pedidos claros podem evitar que o destinatário se sinta atacado ou desvalorizado.

A CNV também é indispensável em contextos organizacionais diversificados, onde questões de inclusão e pertencimento estão em pauta. Em equipes com diversidade de gênero, raça e geração, a comunicação sensível e respeitosa pode evitar microagressões e criar um ambiente em que todos se sintam valorizados. Por exemplo, ao lidar com um colaborador que enfrenta desafios por causa de preconceitos implícitos, um líder que utiliza CNV pode promover diálogos que abordem esses temas de maneira construtiva, sem gerar defensividade.

Outra aplicação importante da CNV está na resolução de conflitos. Quando surgem desentendimentos, o foco nos sentimentos e nas necessidades permite que as partes envolvidas enxerguem além das posições assumidas inicialmente, chegando a soluções que atendam aos interesses de todos. Em negociações, por exemplo, a CNV pode transformar disputas em oportunidades de colaboração ao criar um ambiente de segurança psicológica para que todos expressem suas preocupações e expectativas.

Líderes que integram a comunicação não violenta em seu estilo de gestão contribuem significativamente para a formação de uma cultura organizacional mais humana e colaborativa. Isso inclui não apenas adotar práticas de CNV em suas próprias interações, mas também promover treinamentos e workshops que incentivem suas equipes a adotarem esses princípios. Ao institucionalizar a CNV, as organizações criam um ambiente onde a empatia e a clareza são valorizadas, promovendo a inovação, o engajamento e a retenção de talentos.

A crescente popularidade da comunicação não violenta reflete uma transformação mais ampla nas expectativas em relação às lideranças contemporâneas. Não se trata somente de gerir pessoas, mas de criar espaços onde elas possam se expressar plenamente, sentir-se respeitadas e alcançar seu potencial máximo. A CNV é mais do que uma técnica; é um compromisso com a construção de relacionamentos mais autênticos e respeitosos, que beneficiam as organizações e a sociedade como um todo.

Desafios na comunicação em contextos diversos e virtuais

A comunicação está no centro de tudo o que fazemos nas organizações. Em uma conversa casual, em mensagens rápidas no celular ou em reuniões importantes, ela molda relacionamentos, resolve (ou cria) conflitos e define o tom da cultura organizacional. No entanto, quando olhamos para equipes compostas por pessoas de diferentes culturas, valores e estilos de trabalho, ou para ambientes virtuais onde a linguagem corporal e o tom de voz podem se perder, a comunicação, ao mesmo tempo que é uma oportunidade de inovação, torna-se um desafio complexo.

Mas por que os estilos de comunicação importam? Imagine uma organização em que os líderes falam e os colaboradores apenas escutam. Agora pense no oposto: um ambiente onde todos falam, mas ninguém realmente ouve. O que acontece? Em ambos os casos, a produtividade, a criatividade e o engajamento tendem a despencar. Isso ocorre porque a comunicação não é somente o ato de falar, mas também de ouvir ativamente, entender e responder de maneira significativa.

Em uma equipe multicultural, por exemplo, enquanto algumas pessoas podem preferir comunicação direta e rápida, outras podem valorizar a cortesia e o contexto como parte da mensagem. A falta de sensibilidade a essas diferenças pode transformar uma simples troca de ideias em um problema de relacionamento. Para qualquer gestor, esta é uma lição clara: a comunicação precisa ser adaptável, personalizada e culturalmente consciente.

É aqui que entra a comunicação não violenta, como ferramenta que vai além de resolver problemas, transformando a maneira como líderes e equipes se relacionam. A CNV ensina a observar sem julgar, identificar sentimentos, reconhecer necessidades e fazer pedidos claros. Isso, que pode parecer básico, é revolucionário no mundo corporativo.

Considere um exemplo prático: imagine que um colaborador perdeu um prazo importante. Em vez de uma abordagem comum, como "Você está sempre atrasado!", um gestor que aplica a CNV poderia dizer: "Percebi que o prazo foi perdido (observação). Isso me preocupa, porque afeta o cronograma da equipe (sentimento). É importante para mim garantir que possamos entregar os projetos no tempo certo (necessidade). O que podemos ajustar para evitar isso no futuro? (pedido)". Esse tipo de diálogo construtivo não apenas resolve a questão, mas também fortalece a confiança e o respeito entre gestor e colaborador.

Outro ponto essencial é a reflexão sobre o desafio do digital: mais conexão ou mais ruído? Com o avanço do trabalho remoto e híbrido, muitos gestores enfrentam um dilema: a comunicação digital conecta ou distancia? A resposta depende de como você a utiliza. Ferramentas como chats e videoconferências podem parecer práticas, mas muitas vezes são acompanhadas de ruídos – mensagens mal interpretadas, tom perdido ou falta de empatia.

Por exemplo, um e-mail curto de um líder, como "preciso desse relatório agora", pode ser interpretado como grosseiro, mesmo que não tenha sido essa a intenção. Para evitar isso, gestores podem começar a incorporar elementos da CNV nas mensagens, mesmo nos meios digitais: "Oi, tudo bem? Preciso do relatório o quanto antes para fecharmos uma entrega importante. Você consegue me enviar até às 15h? Caso precise de algo, avise". Simples ajustes no tom e na estrutura podem transformar o modo como a equipe responde e se engaja.

Em equipes diversas e híbridas, a adaptabilidade do líder é fundamental. Entender o perfil dos colaboradores é o ponto de partida. Alguém mais introvertido pode preferir receber feedback por e-mail, enquanto outra pessoa pode valorizar uma conversa presencial ou por vídeo. Ignorar essas diferenças é perder uma oportunidade de potencializar a comunicação e, por consequência, a performance da equipe.

★ IMPORTANTE

Para uma comunicação efetiva e diferenciada, *adaptabilidade* é o nome do jogo!

Além disso, a comunicação eficiente também requer o uso estratégico de tecnologias. Em vez de sobrecarregar a equipe com inúmeras reuniões on-line, gestores podem optar por ferramentas que centralizam informações e criam transparência, como plataformas colaborativas e relatórios compartilhados.

A comunicação não é apenas uma habilidade funcional; é uma estratégia de inovação. Gestores que a utilizam para unir pessoas, criar conexões reais e promover ambientes de troca não estão somente resolvendo problemas imediatos; estão moldando uma cultura organizacional mais forte, inclusiva e resiliente.

Em um mundo onde a diversidade é a norma e o digital é inevitável, os gestores que dominarem a arte de se comunicar serão os verdadeiros líderes das transformações. A próxima etapa? Reconhecer como a comunicação também é uma ferramenta para identificar as motivações e potencialidades de cada colaborador, fortalecendo o que há de mais valioso em uma organização: as pessoas.

Arrematando as ideias

Ao longo deste capítulo, refletimos sobre como os estilos de comunicação influenciam diretamente o clima organizacional, seja promovendo a colaboração, seja criando barreiras que dificultam o alinhamento entre equipes e lideranças. Como vimos, a comunicação organizacional não se limita à troca de informações; ela é o alicerce sobre o qual se constrói a confiança, o engajamento e a inovação dentro das empresas.

Em um mundo onde as interações digitais se tornaram predominantes, o desafio de comunicar-se de forma clara, empática e adaptável nunca foi tão relevante. Líderes que compreendem como a comunicação expressa valores organizacionais estão mais bem preparados para moldar ambientes de trabalho que valorizam a diversidade de pensamentos, culturas e personalidades. A aplicação de práticas como a comunicação não violenta demonstra que é possível ir além da resolução de conflitos, transformando interações cotidianas em oportunidades para criar vínculos mais significativos e respeitosos.

A cultura organizacional é fundamental para a definição dos fluxos comunicativos, determinando se um ambiente será marcado por hipercomunicação desgastante ou pela ausência de diálogos significativos. O equilíbrio entre eficiência e bem-estar precisa estar no centro das estratégias comunicativas, com líderes assumindo a responsabilidade de criar contextos em que a comunicação seja eficaz, mas também humanizada e inclusiva.

O impacto da comunicação no ambiente corporativo vai muito além dos resultados imediatos, refletindo diretamente na criatividade, na retenção de talentos e na capacidade da organização de se adaptar a um mercado em constante transformação. Mais do que nunca, os gestores precisam desenvolver habilidades que lhes permitam navegar entre os diferentes estilos de comunicação, adaptando-se às necessidades de cada cenário – virtual, híbrido ou presencial.

Ao encerrarmos este capítulo, o convite que fica é para uma reflexão contínua: como você, como líder ou colaborador, pode aprimorar sua comunicação para fortalecer as conexões humanas no ambiente de trabalho? De que modo suas palavras – ditas ou não ditas – influenciam o clima, a produtividade e a motivação ao seu redor?

4

Cultura organizacional e legado: construindo um ambiente de crescimento sustentável

Árvore sustentada por raízes profundas e galhos que se expandem em direção ao céu, simbolizando metaforicamente uma cultura organizacional.

Olhe a árvore imponente da figura, com raízes profundas que a sustentam e galhos que se expandem em direção ao céu. Imagine que as raízes representam os valores e a essência de uma organização, enquanto os galhos simbolizam suas ações, decisões e impacto no ambiente ao redor. Uma cultura organizacional bem enraizada tem o poder de promover o crescimento sustentável e um legado duradouro.

Agora, reflita:

» Quais são as raízes que sustentam sua organização? Os valores e práticas que deveriam ser inegociáveis estão realmente claros e visíveis no dia a dia?

» Como os galhos de suas ações gerenciais refletem esses valores? Existem práticas ou decisões que contradizem os princípios que sua organização diz valorizar?

» Em momentos de crise ou mudanças, o que acontece com essas raízes e galhos? Eles permanecem fortes ou sofrem rupturas?

No cotidiano, gestores enfrentam situações em que a pressão por resultados pode colocar em xeque a coerência entre os valores organizacionais e as práticas reais. Pergunte a si mesmo:

» Quais decisões recentes você tomou que reforçaram ou enfraqueceram a cultura da sua organização?

» Como você pode alinhar as metas da sua área com os valores da empresa para construir um ambiente sustentável e humano?

Assim como uma árvore precisa de cuidados constantes para crescer e florescer, a cultura organizacional demanda atenção contínua dos gestores. Que práticas você pode adotar hoje para fortalecer raízes e expandir galhos, garantindo não apenas o crescimento da organização, mas também o desenvolvimento das pessoas que a constroem?

Toda organização, independentemente de seu porte ou segmento, carrega consigo uma força que transcende produtos, serviços ou mesmo resultados financeiros. Essa força, invisível a um primeiro olhar, mas profundamente enraizada em cada ação, decisão e relação, é sua cultura organizacional. É ela que define o tom das interações, orienta o comportamento coletivo e reflete como a empresa é percebida por aqueles que a integram e por quem a observa de fora.

Mais do que um conjunto de valores declarados, a cultura organizacional representa a essência da empresa em movimento. Quando estrategicamente alinhada, ela tem o poder de transformar objetivos em realizações concretas, conectando metas de curto prazo a um impacto duradouro. No entanto, esse alinhamento não surge por acaso. Ele exige intencionalidade, liderança e uma visão clara de como valores e práticas devem se traduzir em experiências positivas para os colaboradores e para a sociedade.

Neste capítulo, exploraremos como os princípios de cultura organizacional servem de base para construir ambientes sustentáveis, inovadores e profundamente humanos. A partir de exemplos práticos e reflexões aprofundadas, analisaremos como o legado organizacional pode ser entendido como um reflexo das escolhas culturais de uma empresa – sejam elas conscientes ou não. Vamos discutir como práticas de gestão podem inspirar pessoas, gerar transformação e deixar marcas que transcendem o tempo.

Por fim, a discussão culmina em um ponto essencial: o equilíbrio entre inovação e humanização. A cultura organizacional empreendedora, quando bem estruturada, cria um terreno fértil para ideias ousadas prosperarem, ao mesmo tempo que reforça a importância das relações humanas no centro de cada decisão. Não se trata somente de resultados; trata-se de construir um legado que inspire confiança, inovação e pertencimento em todos os níveis da organização.

Ao longo deste capítulo, convidamos você a refletir sobre o papel transformador da cultura organizacional, que sustenta o presente e molda o futuro. E o futuro, como veremos, é construído a partir de escolhas conscientes, práticas sustentáveis e valores que resistem ao tempo.

Princípios de cultura organizacional e alinhamento estratégico

Em cada empresa, visível ou não, há uma força subjacente que determina como decisões são tomadas, metas são alcançadas e desafios são superados: a cultura organizacional. Mais do que um conjunto de valores estampados em murais ou relatórios, ela é o alicerce que conecta a essência da organização às práticas cotidianas, influenciando não apenas o desempenho interno, mas também a percepção que o mercado e a sociedade têm da empresa. Entender e moldar essa cultura não é só uma vantagem estratégica; é uma necessidade para qualquer gestor que busca resultados sustentáveis e impacto duradouro.

A cultura organizacional não nasce ao acaso, tampouco se limita ao discurso. Ela é formada por escolhas conscientes, baseadas em um alinhamento estratégico que conecta os valores centrais da organização aos seus objetivos de longo prazo. Uma cultura robusta é aquela que equilibra identidade e adaptabilidade, permitindo que a empresa inove sem perder suas raízes. Por exemplo, organizações que priorizam inovação devem garantir que seus processos favoreçam experimentação e criatividade, enquanto aquelas que destacam a humanização precisam traduzir isso em práticas inclusivas e políticas consistentes de gestão de pessoas.

★ PARA SABER MAIS

Mas o que é cultura organizacional? Como ela se diferencia da política organizacional?

De acordo com Robbins, Judge e Sobral (2010), a cultura organizacional é o conjunto de valores, crenças e práticas compartilhadas que moldam o comportamento dos membros de uma organização. Ela atua como uma força invisível, influenciando desde a forma como decisões são tomadas até o modo como conflitos são resolvidos. É o DNA da organização, determinando o clima interno e como a empresa é percebida externamente. A cultura é desenvolvida ao longo do tempo e reflete as experiências, desafios e conquistas de uma organização.

Já a política organizacional refere-se aos mecanismos formais e estruturados que guiam a ação dos colaboradores e definem as regras do jogo. Enquanto a cultura está mais relacionada a aspectos informais e implícitos, a política é composta por normas, procedimentos e regulamentos explícitos que padronizam comportamentos e asseguram o cumprimento de objetivos estratégicos. Por exemplo, enquanto a cultura pode incentivar a inovação por meio de valores que promovem criatividade e liberdade, a política organizacional pode estabelecer os processos que definem como novas ideias devem ser avaliadas e implementadas.

Portanto, cultura e política organizacional se complementam, mas operam em dimensões distintas. Enquanto a cultura define o "como fazemos as coisas aqui", a política organiza o "como as coisas devem ser feitas". A harmonia entre esses elementos é essencial para alinhar comportamentos e objetivos organizacionais.

Cultura organizacional e estratégia andam de mãos dadas e, ao alinhá-las, os benefícios são múltiplos: decisões mais consistentes, maior engajamento dos colaboradores e credibilidade junto aos stakeholders. Organizações sustentáveis, por exemplo, não só adotam práticas responsáveis como as integram de forma genuína em todos os seus processos, consolidando-se como referências em suas áreas de atuação. Esse alinhamento intencional reforça o propósito organizacional e cria um ambiente em que os colaboradores se sentem conectados a algo maior do que suas funções individuais.

A construção dessa cultura exige princípios sólidos que sirvam como guias tanto em momentos de estabilidade como de incerteza. Transparência, colaboração, respeito à diversidade e ética devem ser não apenas declarados, mas demonstrados diariamente, fortalecendo o senso de pertencimento e propósito em todos os níveis da organização. Quando essas práticas são verdadeiramente incorporadas, elas se tornam o diferencial que transforma boas empresas em referências duradouras.

A cultura organizacional é construída intencionalmente, em um processo contínuo que exige alinhamento estratégico. Esse alinhamento ocorre quando os valores fundamentais da empresa estão intrinsecamente conectados aos seus objetivos de longo prazo. Alinhar a cultura organizacional à estratégia empresarial traz dois benefícios cruciais: consistência nas decisões e engajamento genuíno.

Considere novamente o exemplo de uma empresa que prioriza a sustentabilidade. Além de adotar práticas ambientais, ela deve criar narrativas que permeiam todas as suas áreas – da comunicação ao design de produtos. Esse alinhamento estratégico reforçará a autenticidade da organização, garantindo que colaboradores e partes interessadas reconheçam seus esforços como genuínos.

Para isso, é essencial estabelecer princípios norteadores da cultura organizacional. Esses princípios funcionam como bússolas capazes de orientar comportamentos em tempos de estabilidade e em momentos de crise. O impacto de colocá-los práticas é percebido tanto internamente, na forma como os colaboradores se sentem parte de um propósito maior, quanto externamente, na percepção de valor pelo mercado e pela sociedade.

Ainda mais importante é reconhecer que a cultura organizacional não é estática. Ela evolui, respondendo às transformações internas e externas. Aqui, o papel da liderança é indispensável. Líderes são responsáveis por dar o exemplo, representando os valores organizacionais e garantindo que os comportamentos desejados sejam consistentes em todos os níveis hierárquicos. Por meio de feedback contínuo, envolvimento direto e comunicação aberta, a liderança é a ponte entre o presente da organização e o futuro que ela busca construir.

No quadro 4.1, podemos visualizar essa dinâmica em uma matriz que conecta valores organizacionais a comportamentos desejados e impactos estratégicos.

Quadro 4.1 – Alinhamento estratégico de valores organizacionais

Valores organizacionais	Comportamentos desejados	Impactos estratégicos
Sustentabilidade	Reduzir desperdícios e adotar práticas verdes.	Melhoria na reputação e redução de custos.
Inovação	Estimular a experimentação e a criatividade.	Aceleração no desenvolvimento de produtos.
Diversidade	Criar um ambiente inclusivo e acolhedor.	Maior atração e retenção de talentos.
Transparência	Comunicar com clareza e consistência.	Confiança consolidada com stakeholders.

O alinhamento intencional entre valores, comportamentos e impacto estratégico demonstra que uma cultura forte não é apenas uma vantagem, mas um requisito para empresas que desejam ser relevantes e resilientes no longo prazo.

Na próxima seção, exploraremos o conceito de legado organizacional, destacando como as práticas de gestão podem transcender o presente, criando um impacto duradouro tanto para os colaboradores quanto para a sociedade.

Legado organizacional e sustentabilidade das práticas de gestão

Legado é, essencialmente, o que fica. No contexto organizacional, o conceito transcende estruturas físicas ou resultados numéricos; ele está profundamente enraizado na memória coletiva, nas experiências compartilhadas e na transformação realizada em indivíduos e grupos. O legado organizacional não é estático. Ele é moldado por ações, decisões e, principalmente, pela interação contínua entre pessoas e o ambiente em que operam. Cada líder, colaborador e prática de gestão contribui para a construção desse rastro, que é inevitavelmente positivo ou negativo, e muitas vezes uma combinação de ambos.

Quando se fala em legado organizacional, é fundamental considerar o impacto nas pessoas. Existe um legado individual, o que cada colaborador deixa no outro e na organização, e um legado coletivo, que reflete a soma de experiências e conquistas de um grupo. Um líder, por exemplo, pode deixar um legado individual ao inspirar confiança, orientar carreiras e demonstrar ética inquestionável. Já uma equipe que trabalha em sinergia pode construir um legado coletivo, simbolizado por projetos memoráveis e inovações marcantes ou até pela resiliência diante de crises.

O legado, no entanto, não se restringe à organização como instituição. Ele se manifesta também no impacto deixado em clientes, em fornecedores e na sociedade. Empresas que priorizam práticas sustentáveis, por exemplo, constroem um legado que vai além de suas paredes, contribuindo para um ambiente mais equilibrado e uma reputação positiva. Essa visão ampliada de legado reforça que as ações de uma organização reverberam em redes complexas de relacionamentos, muitas vezes de formas que ela própria não consegue prever.

Vamos retomar a metáfora da árvore que usamos para falar da cultura organizacional no início deste capítulo. O legado também pode ser comparado a uma árvore – uma árvore majestosa, cuja presença impacta profundamente o ambiente e as pessoas ao seu redor.

Uma árvore só cresce e se fortalece se tiver raízes firmes. O legado organizacional ou individual depende de princípios sólidos, que nutrem e dão estabilidade à sua construção.

As raízes profundas da árvore-legado representam os valores, as ações e as decisões que sustentam o impacto duradouro. O tronco robusto simboliza o corpo de trabalho ou a estrutura edificada ao longo do tempo. É ele que conecta o passado ao futuro, assegurando que o legado não seja algo momentâneo, mas uma continuidade viva. Os galhos e as folhas, por sua vez, demonstram a influência e o alcance desse legado, que se estende para impactar diferentes pessoas, equipes e comunidades, criando uma rede de conexão que vai além das intenções iniciais.

A sombra projetada pela árvore é uma metáfora do impacto tangível do legado. Assim como a sombra oferece conforto e refúgio em dias quentes, o legado cria um ambiente onde aprendizado, crescimento e bem-estar se tornam possíveis. Ele protege, inspira e fortalece aqueles que se encontram sob sua influência, proporcionando segurança e um espaço para florescer.

Por fim, os frutos da árvore representam os resultados visíveis do legado – as conquistas, as inovações e as aprendizagens geradas ao longo do tempo. Esses frutos, no entanto, não são o ponto final. Cada fruto contém sementes, que simbolizam o potencial de perpetuação do legado, carregado por aqueles que foram tocados por ele. Assim, o legado, como uma árvore, não apenas se sustenta, mas também gera novas possibilidades, garantindo que sua essência continue a crescer e a influenciar as pessoas.

Ao abordar o legado de forma intencional, é importante refletir sobre o equilíbrio entre legado positivo e negativo. Todo líder e gestor de pessoas já deixou marcas que despertam orgulho e, possivelmente, outras que provocam arrependimento. O legado positivo é aquele que transforma, inspira e cria oportunidades para crescimento. Ele pode ser representado por uma cultura de inclusão, por práticas que promovem inovação e por políticas que garantem o bem-estar dos colaboradores. Em contrapartida, o legado negativo emerge de negligências, de decisões precipitadas ou da falta de visão estratégica, deixando cicatrizes nos indivíduos e na organização.

Pense, por exemplo, em um gestor que sempre priorizou resultados imediatos em detrimento de relações humanas. A curto prazo, ele pode ter alcançado metas impressionantes, mas seu legado provavelmente será associado a uma liderança fria, que desmotivou talentos e enfraqueceu laços organizacionais. Por outro lado, líderes que equilibram resultados com humanização frequentemente são lembrados como agentes de transformação, que geraram números mas também criaram um ambiente onde as pessoas puderam crescer e se desenvolver.

O legado de marca, frequentemente associado ao impacto externo da organização, também é relevante internamente. Trabalhar em uma empresa reconhecida por sua ética, inovação ou impacto social positivo é motivo de orgulho para os colaboradores, que podem carregar consigo uma identidade compartilhada que transcende o ambiente corporativo. Por outro lado, estar associado a uma organização que enfrentou escândalos ou fracassos éticos pode ser um fardo que persiste na memória dos profissionais, impactando suas carreiras e valores.

Legado também é tempo. É a construção de um espaço único onde pessoas convivem, aprendem e enfrentam desafios juntas. Lembre-se de uma equipe com a qual você trabalhou intensamente em um projeto.

Havia momentos de tensão, talvez até desentendimentos, mas também havia aprendizado e momentos de celebração. A marca deixada por essa experiência não se limita ao resultado do projeto. Ela está nas transformações individuais e coletivas que ocorreram ao longo do caminho. É esse aspecto temporal que dá profundidade ao conceito de legado.

A sustentabilidade das práticas de gestão tem papel central na definição do legado organizacional. Práticas sustentáveis são aquelas que olham para o futuro, considerando os resultados imediatos e também o impacto de longo prazo. Políticas que promovem o equilíbrio entre vida pessoal e profissional, por exemplo, além de imediatamente reter talentos, deixam um legado de respeito e valorização das pessoas. Da mesma forma, decisões estratégicas alinhadas à responsabilidade social reforçam um legado que beneficia comunidades inteiras.

O legado não é algo que se constrói no último momento, mas em cada interação e decisão cotidiana. Um feedback dado com empatia, uma oportunidade oferecida a um colaborador em ascensão, ou até mesmo a coragem de corrigir um erro institucional, são gestos que constroem o tecido invisível do legado. Por outro lado, práticas de gestão que negligenciam a experiência humana – como excesso de pressão ou falta de transparência – acumulam-se silenciosamente, formando um legado de desgaste e desconfiança.

A memória emocional é parte do legado. Como você quer ser lembrado pelos colegas, pelas equipes que liderou ou pelos líderes que o inspiraram? O que as pessoas sentem ao pensar na sua gestão ou no tempo que passaram em determinada organização? A força de um legado está na conexão humana que ele cria. Por isso é necessário um olhar atento para o impacto emocional das práticas organizacionais, pois ele é muitas vezes mais duradouro que qualquer conquista material.

O legado organizacional está intrinsecamente ligado à cultura organizacional, pois é por meio dela que as marcas mais duradouras são impressas nas pessoas e na sociedade. Uma cultura organizacional positiva serve de alicerce para um legado que inspira e transforma ao alinhar valores, práticas e comportamentos que ressoam em colaboradores e stakeholders.

Quando uma organização cultiva uma cultura baseada em respeito, inovação, ética e colaboração, o legado que ela deixa transcende métricas financeiras e se torna uma herança intangível, refletida nas memórias e no impacto emocional que gera. Assim, cultura e legado se entrelaçam, criando um ciclo virtuoso em que práticas sustentáveis moldam histórias inspiradoras, perpetuando uma influência que ultrapassa gerações.

Por fim, *o legado organizacional é uma escolha*. Não é algo que acontece ao acaso, mas o resultado de decisões conscientes e do desejo de criar algo que vá além de metas ou relatórios. Cabe ao gestor refletir continuamente sobre as marcas que está deixando, tanto nas pessoas quanto na organização. Afinal, o legado é, acima de tudo, uma história. E toda história merece ser escrita com cuidado, propósito e humanidade.

Cultura organizacional empreendedora: inovação e humanização

A cultura organizacional empreendedora é, antes de tudo, uma manifestação de *movimento*, *criatividade* e *transformação*. Em um ambiente empresarial marcado por mudanças rápidas e constantes desafios, as organizações que adotam uma cultura empreendedora se posicionam à frente, promovendo soluções inovadoras que atendem às demandas do mercado e impactam positivamente as comunidades ao seu redor. Essa abordagem une visão estratégica e ação prática, tornando a empresa uma força transformadora em seu setor.

Inovação, no contexto da cultura organizacional empreendedora, não se limita à criação de novos produtos ou serviços. Ela se reflete no modo como a empresa encara desafios, explora oportunidades e transforma problemas em soluções que geram valor real. Esse tipo de cultura é alimentado pela coragem de experimentar, pela disposição de assumir riscos calculados e pela abertura para repensar processos tradicionais. Uma organização empreendedora não se acomoda em sua zona de conforto; ao contrário, ela desafia o status quo continuamente, criando um ambiente onde a criatividade é incentivada e a colaboração é fundamental.

Contudo, a cultura empreendedora, para ser sustentável, deve ser profundamente humana. Humanização significa reconhecer que a inovação só floresce em ambientes onde as pessoas se sentem valorizadas, ouvidas e seguras para contribuir. Em uma cultura verdadeiramente empreendedora, o erro é visto como aprendizado, e os indivíduos são estimulados a trazer suas perspectivas únicas para a mesa. Essa abordagem aumenta o engajamento das equipes e contribui para soluções mais diversificadas e criativas, já que cada voz é ouvida e respeitada.

O equilíbrio entre inovação e humanização também se reflete no papel da liderança. Líderes em culturas empreendedoras são facilitadores e inspiradores, capazes de criar um ambiente onde as pessoas sintam liberdade para inovar, mas também tenham o suporte necessário para crescer. Esses líderes não são apenas gestores de recursos, mas construtores de conexões, ajudando suas equipes a alinhar suas paixões individuais com os objetivos organizacionais. Esse alinhamento é o que transforma ideias em resultados e pessoas em protagonistas de suas próprias histórias.

Exemplos práticos ilustram a força dessa combinação. Pense em uma startup que desenvolve soluções tecnológicas para questões ambientais. Por trás de cada inovação, há uma equipe diversa, unida por um propósito maior e motivada por líderes que equilibram pressão por resultados com a compreensão das necessidades humanas. Essa integração entre visão empreendedora e humanização não só gera impacto econômico como fortalece vínculos internos e externos, consolidando a empresa como uma força transformadora em sua área.

Além disso, uma cultura organizacional empreendedora e humanizada reconhece que o trabalho está em constante transformação. A introdução de tecnologias disruptivas, como inteligência artificial e automação, precisa ser acompanhada por práticas que valorizam a individualidade e as competências humanas. Máquinas podem executar tarefas, mas só as pessoas têm a capacidade de imaginar, sentir e construir relações significativas. É nesse ponto que *a humanização se torna a base indispensável para a inovação.*

Outro aspecto essencial dessa cultura é sua capacidade de promover um senso de pertencimento. As pessoas que trabalham em organizações empreendedoras e humanizadas não se sentem apenas colaboradores, mas parte de um propósito coletivo. Isso se reflete em práticas como a promoção da diversidade, a inclusão de diferentes perspectivas e a valorização da autenticidade. *Uma equipe que se sente conectada à organização entrega mais do que resultados; ela constrói um legado de criatividade, resiliência e impacto positivo.*

A inovação também é amplificada quando existe um compromisso com a sustentabilidade. Uma organização empreendedora não deve apenas buscar lucro, mas também se preocupar com o impacto de suas ações no meio ambiente e na sociedade. Essa visão integrada conecta a inovação à responsabilidade, mostrando que é possível crescer de forma equilibrada, considerando tanto as demandas do mercado quanto as necessidades humanas e ambientais.

A cultura organizacional empreendedora que equilibra inovação e humanização é um convite para que todos – líderes, equipes e comunidades – participem ativamente da criação de um futuro mais inspirador e inclusivo. Ela é o reconhecimento de que a inovação verdadeira não se limita ao que é feito, estendendo-se também ao impacto que deixa, e de que a humanização, ao colocar as pessoas no centro das estratégias organizacionais, além de melhorar o ambiente de trabalho, transforma a maneira como as organizações se conectam com o mundo.

Encerrar com essa visão é reforçar que, em um mundo cada vez mais digital e dinâmico, o equilíbrio entre inovação e humanização não é uma escolha, mas um caminho essencial para construir organizações resilientes, criativas e verdadeiramente transformadoras. Afinal, as empresas que conseguem alinhar esses pilares, enquanto constroem o presente, estão definindo os contornos de um futuro que vale a pena ser vivido.

Arrematando as ideias

Ao longo deste capítulo, vimos que cultura organizacional, legado e práticas de gestão são mais do que conceitos isolados; eles são forças interligadas que moldam o presente e constroem o futuro das organizações. A cultura organizacional, quando intencionalmente alinhada à estratégia, se torna o alicerce para decisões consistentes, equipes engajadas e resultados que vão além dos números. Além de definir "como as coisas são feitas aqui", ela reflete os valores e aspirações de uma empresa que deseja ser lembrada por suas contribuições, não apenas por sua existência.

O legado, por sua vez, não é um fim em si mesmo, mas um rastro deixado por escolhas cotidianas. Ele é construído na intersecção entre ações estratégicas e o impacto humano dessas ações. Um legado organizacional forte é aquele que transcende gerações, deixando marcas positivas nas pessoas, nas comunidades e no mercado. Mais do que resultados tangíveis, ele se revela nas experiências emocionais, nos aprendizados compartilhados e no sentimento de pertencimento que uma organização pode proporcionar.

Por fim, a cultura organizacional empreendedora nos mostra que o futuro pertence às organizações que conseguem equilibrar inovação com humanização. Ser empreendedora é ter a coragem de experimentar, desafiar o status quo e buscar novas soluções. Mas ser verdadeiramente inovadora é compreender que as pessoas são o centro de qualquer transformação. A combinação desses elementos cria um ambiente de trabalho estimulante e uma organização que inspira confiança, admiração e continuidade.

A mensagem deste capítulo é clara: cada escolha, cada valor e cada prática contribui para o que ficará. Cultura, legado e inovação não são conceitos abstratos; são construções vivas que se manifestam diariamente e têm o poder de transformar organizações em forças verdadeiramente transformadoras. Resta, então, a cada líder e gestor refletir: que história estamos escrevendo? Que marcas queremos deixar? Afinal, o legado é, antes de tudo, uma oportunidade para criar um futuro que vale a pena ser vivido – para as pessoas que fazem parte da organização hoje e para aquelas que virão amanhã.

5

Saúde mental e inteligência emocional na gestão de pessoas

Vista aérea deslumbrante da marina de Dubai, nos Emirados Árabes Unidos, ao entardecer, com arranha-céus imponentes, luzes vibrantes e canais sinuosos refletindo a grandiosidade da cidade. Em destaque, a icônica Cayan Tower, com sua impressionante estrutura espiralada de noventa graus, que desafia a engenharia e se destaca na paisagem urbana.

Imagine um edifício moderno e imponente, com vidraças que refletem o céu, elevadores velozes e salas equipadas com tecnologia de ponta. No entanto, se sua fundação apresentar rachaduras, o risco de colapso é constante, independentemente de sua aparência externa. Assim também é uma organização que não investe na saúde mental e no bem-estar de suas equipes: à primeira vista, ela pode parecer sólida, mas o desgaste interno, se não tratado, compromete sua estabilidade e resultados. Isso nos leva a refletir: quais são as bases que sustentam um ambiente de trabalho verdadeiramente saudável e produtivo?

A saúde mental no trabalho deixou de ser um tema periférico para se tornar um aspecto central na gestão contemporânea. Ainda assim, muitas organizações enfrentam dificuldades para implementar ações efetivas. Será que é possível conciliar as demandas urgentes de produtividade com a criação de um espaço que valorize o equilíbrio emocional? E, mais importante, como os líderes podem transformar um conceito tão complexo em estratégias práticas que geram impacto real no dia a dia?

Dados recentes, da pesquisa Great Place to Work 2024, revelam um paradoxo intrigante: embora 78% dos colaboradores indiquem a saúde mental como determinante para avaliar a qualidade de uma organização, apenas 32% das empresas têm políticas estruturadas que abordam o tema de maneira consistente. Isso levanta questões fundamentais: por que existe essa desconexão entre o discurso e a prática? E como preencher essa lacuna de maneira estratégica e sustentável?

O ambiente de trabalho atual, marcado por transformações rápidas e demandas constantes, exige que líderes assumam uma postura ativa e empática. Não basta reagir aos sinais de desgaste emocional; é necessário antecipar as necessidades da equipe e criar um ecossistema que integre o bem-estar às rotinas organizacionais. Isso inclui implementar políticas que vão além do básico, como jornadas flexíveis e suporte psicológico, e criar uma cultura onde o diálogo sobre saúde mental seja incentivado e valorizado.

Assim como um edifício com bases sólidas resiste às intempéries, uma organização que investe em saúde mental e bem-estar não só fortalece seus resultados como aumenta sua longevidade. Essa jornada começa com líderes preparados para transformar desafios em oportunidades, estigmas em conscientização e iniciativas isoladas em um legado de cuidado genuíno. A pergunta que fica é: como você, enquanto gestor, está contribuindo para construir essas bases na sua organização?

Saúde mental no trabalho: desafios e soluções

Saúde mental não é mais uma pauta opcional no ambiente de trabalho; é uma estratégia central para líderes que buscam impulsionar resultados sustentáveis enquanto preservam o bem-estar de suas equipes. No entanto, ao se posicionar nesse cenário, é comum que as organizações enfrentem um paradoxo: a urgência de ações tangíveis e a complexidade de tratar um tema permeado por tabus e estigmas históricos.

Os desafios não estão apenas no campo estrutural. No cotidiano, líderes frequentemente lidam com colaboradores que apresentam sinais silenciosos de exaustão emocional, como retraimento social, irritabilidade ou queda de produtividade. Em muitos casos, esses sinais passam despercebidos, o que agrava condições como ansiedade e burnout. A ausência de diálogo franco e de mecanismos de suporte cria um ambiente que perpetua o ciclo de desgaste.

Para romper essa dinâmica, líderes precisam adotar uma postura dupla: serem estrategistas, com capacidade de implementar políticas organizacionais, e empáticos, com habilidade de perceber e acolher as necessidades de suas equipes. A criação de programas integrados de bem-estar, com iniciativas de mindfulness, acompanhamento psicológico e políticas de flexibilidade no trabalho, tem se mostrado altamente eficaz. Modelos híbridos e jornadas ajustáveis já são realidade em empresas inovadoras, permitindo um equilíbrio mais saudável entre vida profissional e pessoal.

O papel da liderança vai além de implementar ferramentas. É preciso criar um ambiente onde o bem-estar seja parte do DNA organizacional, e líderes bem preparados compreendem que saúde mental não é um custo, mas um investimento em produtividade, retenção de talentos e inovação.

★ IMPORTANTE

Segundo a pesquisa Great Place to Work 2024, organizações com programas de saúde mental bem estruturados têm um índice de engajamento 34% maior e uma taxa de retenção de talentos 25% superior em comparação a empresas que negligenciam o tema. Isso demonstra que cuidar da saúde mental é, antes de tudo, uma estratégia de liderança eficaz e inovadora.

Líderes desempenham um papel central na construção de soluções sustentáveis para a saúde mental no trabalho. Essa jornada começa com a formação de uma cultura organizacional baseada no acolhimento e no respeito. Uma série de iniciativas, como treinamentos de sensibilização para líderes e colaboradores são fundamentais para desmistificar o tema e criar um ambiente em que a saúde mental seja valorizada:

1. Treinamento e capacitação de lideranças. Um dos pontos mais estratégicos é preparar líderes para identificar sinais precoces de desgaste emocional. A habilidade de perceber mudanças no comportamento dos colaboradores – como retração social, queda de desempenho ou aumento de irritabilidade – é uma competência-chave. Programas de capacitação que ensinem técnicas de comunicação empática e ferramentas de suporte emocional são investimentos indispensáveis.
2. Programas integrados de bem-estar. Empresas inovadoras têm adotado programas integrados que combinam apoio psicológico, flexibilização de jornadas e iniciativas de mindfulness. Por exemplo, a adoção de programas de assistência ao colaborador permite que os profissionais acessem suporte confidencial para questões emocionais, financeiras ou jurídicas, criando um cuidado integral que beneficia o indivíduo e o clima organizacional como um todo.
3. Flexibilização e humanização do trabalho. A flexibilização da jornada de trabalho é outra solução estratégica. Modelos híbridos e políticas de trabalho remoto bem estruturadas reduzem o impacto do deslocamento e aumentam a autonomia dos colaboradores, fatores que contribuem diretamente para a redução do estresse. Empresas que oferecem jornadas adaptáveis demonstram estar alinhadas às novas expectativas da força de trabalho contemporânea.
4. Mensuração e ajustes contínuos. Por fim, é fundamental que as organizações estabeleçam métricas claras para avaliar o impacto de suas iniciativas. Indicadores como taxas de absenteísmo, produtividade e retenção de talentos devem ser acompanhados regularmente para garantir que as ações implementadas estejam alinhadas aos objetivos organizacionais.

Inteligência emocional para líderes e colaboradores

A inteligência emocional emerge como uma habilidade essencial para líderes e colaboradores que desejam prosperar em um ambiente de trabalho marcado pela complexidade e pela constante mudança. Mais do que um conceito abstrato, a inteligência emocional, como descrita por Goleman (2012), envolve a capacidade de reconhecer e gerenciar as próprias emoções, bem como de compreender e influenciar as emoções dos outros. Trata-se de uma competência estratégica que transforma o modo como indivíduos e equipes interagem, inovam e geram resultados.

No entanto, a aplicação da inteligência emocional no ambiente organizacional exige mais do que uma compreensão teórica. Líderes precisam ser capazes de identificar padrões emocionais em suas equipes, cultivar empatia genuína e criar espaços onde o diálogo seja incentivado, mesmo diante de conflitos ou desafios. Isso não apenas melhora o clima organizacional, mas também fortalece a confiança entre colaboradores, um elemento indispensável para equipes de alta performance.

A inteligência emocional é composta por cinco dimensões fundamentais: autoconhecimento, autorregulação, motivação interna, empatia e habilidades sociais. Cada uma dessas dimensões desempenha um papel estratégico nas interações corporativas.

- O autoconhecimento permite ao líder identificar como suas emoções influenciam decisões e comportamentos, um passo essencial para liderar com autenticidade. Líderes autênticos, ao demonstrarem vulnerabilidade em momentos apropriados, reforçam a confiança e o engajamento das equipes.
- A autorregulação capacita indivíduos a responder de forma equilibrada a situações de alta pressão. Em um ambiente corporativo repleto de prazos e mudanças, a capacidade de manter a calma e tomar decisões assertivas se torna um diferencial.
- A motivação interna move líderes e equipes em direção aos objetivos mesmo quando desafios parecem intransponíveis. Aqueles

que são motivados por valores intrínsecos tendem a inspirar outros com maior eficácia.

- A empatia fortalece conexões humanas ao ajudar líderes a compreender os desafios emocionais e profissionais enfrentados por suas equipes. A empatia cria um ambiente de segurança psicológica onde colaboradores se sentem confortáveis para expressar ideias e preocupações.
- As habilidades sociais, por sua vez, são indispensáveis para criar redes de colaboração, resolver conflitos e construir parcerias sustentáveis.

O gráfico da figura 5.1 ilustra as cinco dimensões da inteligência emocional. Ele destaca a importância do equilíbrio entre os diferentes aspectos que contribuem para o desenvolvimento de líderes e colaboradores emocionalmente inteligentes.

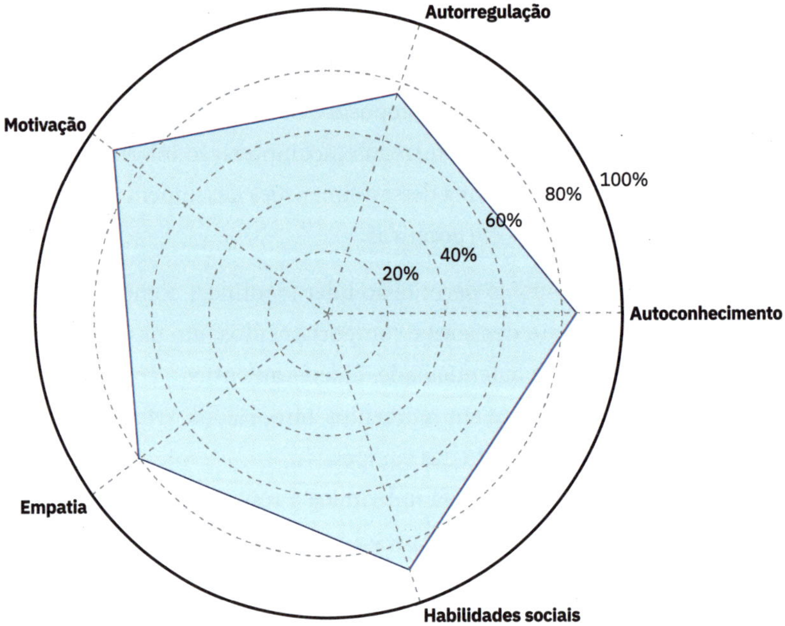

Figura 5.1 – As dimensões da inteligência emocional

Fonte: adaptado de Goleman (2012).

Líderes emocionalmente inteligentes são também os mais bem posicionados para construir pontes entre colaboradores de diferentes culturas, gerações e experiências. Essa habilidade é particularmente relevante em um mercado globalizado, onde equipes diversificadas são a norma e a capacidade de adaptar estilos de liderança a diferentes contextos é uma vantagem estratégica.

Ao mesmo tempo, colaboradores que desenvolvem sua inteligência emocional tendem a demonstrar maior resiliência em momentos de adversidade. Em vez de reagirem impulsivamente a desafios, são capazes de refletir, ajustar suas atitudes e contribuir para soluções criativas e inovadoras. Isso reforça a ideia de que a inteligência emocional, mais que uma competência desejável, é uma habilidade essencial em todos os níveis hierárquicos.

Para desenvolver a inteligência emocional no ambiente organizacional, gestores precisam adotar estratégias práticas que atendam tanto ao nível individual quanto ao coletivo. O ponto de partida é o autoconhecimento, que pode ser aprimorado por meio de reflexões regulares sobre como as emoções influenciam as decisões e as interações diárias. Ferramentas como diários reflexivos e feedbacks 360° são particularmente úteis para identificar padrões comportamentais e áreas de melhoria, oferecendo insights valiosos sobre como as ações do gestor impactam a equipe.

Além do autoconhecimento, é fundamental fortalecer a autorregulação emocional. Técnicas como mindfulness, meditação e exercícios de respiração ajudam a manter a calma em situações de alta pressão. Outra estratégia importante é estabelecer limites claros entre a vida pessoal e profissional, incentivando os colaboradores a fazerem o mesmo. Essa prática contribui para a criação de um ambiente equilibrado, onde o estresse é gerenciado de forma eficaz.

A motivação interna também desempenha um papel estratégico. Gestores devem se conectar ao propósito organizacional e reforçá-lo em suas comunicações com a equipe, criando um senso de pertencimento. Celebrar pequenas conquistas, tanto individuais quanto coletivas, ajuda a manter o entusiasmo e fortalece a motivação intrínseca, essencial para o engajamento sustentável.

A empatia, por sua vez, é indispensável para a construção de um ambiente de confiança. Gestores podem promover conversas individuais regulares com os colaboradores, criando espaços seguros para ouvir preocupações e aspirações. Capacitações em escuta ativa são uma ferramenta poderosa para melhorar as interações diárias, permitindo que os líderes compreendam verdadeiramente as necessidades de suas equipes e atuem de maneira proativa diante de sinais de desmotivação ou desgaste emocional.

No que diz respeito às habilidades sociais, os gestores devem se posicionar como mediadores eficazes em situações de conflito, promovendo soluções colaborativas que beneficiem todas as partes envolvidas. Projetos interdepartamentais também são uma excelente oportunidade para fortalecer as relações interpessoais, incentivando a colaboração entre equipes diversas e promovendo um ambiente de aprendizado coletivo.

Criar um ambiente de apoio emocional é outra iniciativa essencial. Gestores podem implementar grupos de suporte interno onde os colaboradores tenham a oportunidade de compartilhar desafios e buscar soluções em conjunto. Workshops regulares sobre inteligência emocional, conduzidos por consultores ou coaches especializados, são igualmente eficazes para o desenvolvimento contínuo da equipe.

Por fim, é fundamental que gestores monitorem o impacto de todas essas estratégias por meio de indicadores claros, como engajamento, absenteísmo e taxas de rotatividade. Esses dados fornecem uma base para ajustes contínuos, garantindo que as ações implementadas estejam alinhadas às necessidades reais da equipe e contribuam para um ambiente mais saudável e produtivo.

O quadro 5.1 apresenta as principais estratégias para desenvolver a inteligência emocional.

Quadro 5.1 – Estratégias para desenvolver a inteligência emocional

Dimensão	Estratégias práticas
Autoconhecimento	Reflexão regular sobre emoções e decisões; feedback 360°.
Autorregulação	Práticas de mindfulness, respiração profunda e estabelecimento de limites entre vida pessoal e profissional.
Motivação interna	Conexão com o propósito organizacional; celebração de pequenas conquistas.
Empatia	Conversas individuais; capacitação em escuta ativa.
Habilidades sociais	Promoção de projetos interdepartamentais; mediação de conflitos de forma construtiva.
Ambiente de apoio	Criação de grupos de suporte interno; workshops regulares sobre inteligência emocional.
Monitoramento e ajustes	Monitoramento de indicadores como engajamento e absenteísmo; ajustes estratégicos baseados em dados.

Monitoramento da inteligência emocional e seus impactos

Medir o impacto das estratégias de inteligência emocional no ambiente de trabalho é indispensável para garantir que as ações promovam resultados concretos e sustentáveis. Para gestores, essa prática não só valida os investimentos realizados como oferece uma base sólida para ajustes e decisões estratégicas. A seguir, apresentamos formas de mensuração aplicáveis ao contexto organizacional, intercalando métricas qualitativas e quantitativas.

Um dos indicadores mais relevantes é o *engajamento* dos colaboradores, que pode ser mensurado por meio de pesquisas de clima organizacional ou ferramentas rápidas, como pulse surveys. Perguntas objetivas, como “Sinto-me emocionalmente apoiado no trabalho?” ou “Meu líder demonstra empatia em suas interações?”, fornecem insights sobre o nível de conexão emocional da equipe com a liderança e a organização. Monitorar a evolução desses dados ao longo do tempo permite identificar tendências e ajustar práticas para fortalecer o engajamento.

★ **PARA SABER MAIS**

Pulse surveys são pesquisas rápidas e frequentes aplicadas no ambiente de trabalho para coletar feedbacks diretos e objetivos dos colaboradores. O termo "pulse" refere-se ao conceito de "tomar o pulso" da organização, ou seja, medir de forma regular e ágil o clima organizacional, o engajamento e a satisfação dos funcionários. Exemplos de perguntas de pulse surveys: "Você sente que suas contribuições são reconhecidas?", "Você acredita que tem os recursos necessários para desempenhar bem seu trabalho?", "Como você avalia sua satisfação com o ambiente de trabalho nesta semana?", "Seu líder tem oferecido apoio adequado para que você alcance suas metas?".

Outros pontos a monitorar são o *absenteísmo* e a *rotatividade*, que refletem diretamente o impacto da inteligência emocional no ambiente de trabalho. Altas taxas de ausência podem sinalizar exaustão emocional ou desmotivação, enquanto a rotatividade frequente é um alerta para insatisfações estruturais. Esses dados, disponíveis em relatórios de RH, ajudam a mapear áreas que necessitam de atenção e intervenções específicas.

O *desempenho individual e de equipe* também é uma métrica significativa. Avaliações de desempenho que considerem habilidades emocionais, como empatia, autorregulação e trabalho em equipe, complementam as análises de produtividade. Comparar os resultados de equipes que participaram de programas de inteligência emocional com aquelas que não participaram pode revelar o impacto direto dessas iniciativas.

Além disso, a *qualidade dos relacionamentos internos* é uma métrica qualitativa essencial. Ferramentas como o eNPS (Employee Net Promoter Score) podem ser adaptadas para medir a satisfação e a confiança dentro das equipes. Perguntas como "Você recomendaria trabalhar nesta equipe a um colega?" ajudam a mapear o clima de colaboração e a confiança interpessoal.

★ **PARA SABER MAIS**

O eNPS (Employee Net Promoter Score) é uma ferramenta que mede o quanto os colaboradores estão satisfeitos com a empresa e dispostos a recomendá-la como um bom lugar para trabalhar. Ele é calculado com base na resposta a uma pergunta simples: "De 0 a 10, o quanto você recomendaria sua empresa como um bom lugar para trabalhar?". As respostas são divididas em três grupos: promotores (notas 9-10), que estão satisfeitos e falam bem da empresa; neutros (notas 7-8), que estão satisfeitos, mas não entusiasmados; e detratores (notas 0-6), que estão insatisfeitos.

Para calcular o eNPS, subtraímos o percentual de detratores do percentual de promotores, e o resultado pode variar de -100 a +100. Quanto maior o número, melhor é o clima organizacional. Essa ferramenta é útil para entender como os colaboradores se sentem e o que pode ser feito para melhorar o ambiente de trabalho, principalmente quando complementada com perguntas como "O que fez você dar essa nota?".

Por fim, a *frequência e a intensidade de conflitos* podem ser monitoradas para avaliar o impacto das práticas de inteligência emocional. A redução de conflitos destrutivos e a capacidade de resolvê-los de forma construtiva refletem diretamente a aplicação prática de habilidades sociais e empatia dentro do ambiente organizacional.

Para que essas estratégias sejam eficazes, é essencial integrá-las ao ciclo de gestão. Primeiramente, os gestores devem estabelecer uma linha de base, coletando dados iniciais antes de implementar as ações para criar um ponto de comparação claro. Em seguida, é necessário definir métricas específicas e vinculá-las aos objetivos organizacionais. Análises regulares, realizadas trimestral ou semestralmente, garantem um acompanhamento contínuo do impacto.

Além disso, criar canais de feedback contínuo fortalece a conexão com os colaboradores e gera dados qualitativos valiosos. Relatórios estratégicos devem compilar esses resultados, destacando como as iniciativas impactam indicadores como engajamento, absenteísmo e produtividade. Esses relatórios são ferramentas poderosas para demonstrar o retorno das ações e orientar os próximos passos.

Mensurar o impacto das estratégias de inteligência emocional é mais do que uma prática gerencial; é uma oportunidade para os gestores alinharem o desenvolvimento humano às metas organizacionais. Isso transforma a liderança em um diferencial competitivo, ao mesmo tempo que promove um ambiente de trabalho mais saudável e inovador.

Construindo uma cultura de bem-estar organizacional

Criar uma cultura de bem-estar organizacional não é só acompanhar uma tendência de mercado; é um compromisso estratégico com as pessoas e os resultados sustentáveis da organização. Para que isso se torne realidade, é necessário que a saúde mental e o equilíbrio emocional sejam integrados como valores centrais, permeando cada prática, política e decisão dentro da empresa. Líderes que colocam o bem-estar no centro de suas ações transformam o ambiente de trabalho e geram impactos profundos na produtividade, no engajamento e na retenção de talentos.

O ponto de partida dessa construção é a liderança empática. Gestores têm a responsabilidade de estabelecer um espaço onde o diálogo e a confiança sejam prioridades. Isso significa não apenas identificar sinais de esgotamento ou desmotivação, mas agir preventivamente, criando momentos de escuta ativa e apoio genuíno às demandas de seus times. Para alcançar isso, é fundamental que líderes sejam capacitados a desenvolver inteligência emocional, incluindo habilidades de escuta ativa, resolução de conflitos e comunicação assertiva. Essas competências ajudam o gestor a enfrentar desafios de maneira equilibrada, enquanto promovem um ambiente onde os colaboradores se sentem valorizados.

O discurso sobre bem-estar deve ser traduzido em ações concretas para que tenha impacto real. Modelos de trabalho flexíveis, como jornadas híbridas ou horários ajustáveis, ajudam os colaboradores a equilibrar as exigências profissionais e pessoais, reduzindo significativamente o estresse. A disponibilização de suporte emocional, como assistência psicológica ou workshops de gestão de estresse, demonstra um cuidado genuíno por parte da organização, fortalecendo a resiliência coletiva. Reconhecer e celebrar conquistas, individuais ou em equipe, reforça o senso de pertencimento, aumentando a motivação e a satisfação no trabalho.

O bem-estar organizacional não deve ser visto como algo dissociado dos objetivos da empresa. Ele precisa estar alinhado à visão e ao propósito estratégico da organização. Quando as iniciativas de bem-estar são conectadas a metas coletivas e ao propósito da empresa, os colaboradores percebem que suas contribuições têm um impacto real. Isso cria um círculo virtuoso em que o sucesso individual é valorizado, mas sempre em sinergia com o crescimento organizacional.

Mensurar os resultados dessas ações é indispensável para ajustar estratégias e garantir sua eficácia. Dados como engajamento, absenteísmo e retenção de talentos oferecem uma visão clara sobre o impacto das iniciativas. Ferramentas como pulse surveys e eNPS possibilitam uma análise contínua e rápida do clima organizacional, identificando áreas que podem ser fortalecidas. Além disso, relatórios estruturados que compilam essas informações permitem que gestores tomem decisões embasadas, reforçando o compromisso com a melhoria contínua.

Transformar a cultura organizacional em um espaço que promove o bem-estar é mais do que uma ação gerencial; é um ato estratégico e humano. Empresas que abraçam essa visão se tornam mais atrativas para talentos e constroem equipes que não só entregam resultados como prosperam em sua totalidade. Liderar essa mudança exige coragem, visão e uma dedicação inabalável para fazer do trabalho um espaço de crescimento e equilíbrio. É nesse equilíbrio que reside a verdadeira força de uma organização inovadora e sustentável.

Arrematando as ideias

As organizações que escolhem priorizar a saúde mental no ambiente de trabalho não estão apenas respondendo a uma demanda contemporânea; estão construindo um legado de inovação, humanização e sustentabilidade. Quando abraçam a responsabilidade de criar espaços onde o bem-estar é valorizado, líderes fortalecem o engajamento e a produtividade de suas equipes e redefinem o que significa liderar com propósito. Para além de implementar políticas ou programas, essa transformação cria uma cultura que conecta resultados organizacionais ao cuidado genuíno com as pessoas.

O caminho para consolidar essa cultura exige coragem e comprometimento. Não é fácil enfrentar estigmas e tabus históricos relacionados à saúde mental, especialmente em um ambiente corporativo tradicionalmente focado em metas e resultados. No entanto, líderes que conseguem aliar empatia a estratégias claras provam que é possível equilibrar esses dois mundos. Eles demonstram que acolher as necessidades emocionais dos colaboradores não é um custo, mas um investimento poderoso em retenção de talentos, inovação e competitividade.

Além disso, a jornada para integrar o bem-estar organizacional à essência das empresas reforça a importância de lideranças emocionalmente inteligentes. Líderes que entendem o impacto de suas ações, sabem ouvir ativamente e valorizam as interações humanas são capazes de inspirar confiança, promover resiliência e criar equipes que superam desafios de forma colaborativa. Quando o cuidado com a saúde mental se torna parte do DNA organizacional, os benefícios transcendem os números, impactando positivamente a vida de cada colaborador.

Encerramos este capítulo com uma reflexão essencial: o que significa construir uma organização saudável? Mais do que uma prática moderna, tal construção garante que cada indivíduo, em sua singularidade, encontre espaço para crescer, prosperar e se sentir valorizado. A saúde mental no trabalho não é um objetivo a ser alcançado, mas um compromisso contínuo, que exige atenção, adaptação e um olhar sensível para o que realmente importa: as pessoas. Ao honrar esse compromisso, as organizações não só evoluem como transformam o próprio conceito de trabalho em algo significativo e humano.

6 Gestão de desempenho e desenvolvimento individualizado

Gestão de desempenho e desenvolvimento individualizado: conversas estratégicas que fortalecem a colaboração, promovem o crescimento profissional e alinham objetivos individuais com os da organização.

Imagine um colaborador recém-promovido a uma posição de liderança. Embora tenha competências técnicas sólidas, ele encontra dificuldades em gerenciar conflitos na equipe. Em uma gestão de desempenho tradicional, essa questão poderia ser vista como uma fraqueza isolada. Porém, com o desenvolvimento individualizado, o gestor trabalha junto a esse colaborador, identificando a necessidade de treinamentos específicos em gestão de pessoas e promovendo mentorias regulares. Como resultado, o colaborador não apenas supera os desafios, mas também fortalece suas capacidades como líder, impactando positivamente a produtividade e o clima organizacional.

Nesse contexto, a gestão de desempenho, quando combinada ao desenvolvimento individualizado, torna-se uma *estratégia* indispensável para organizações que desejam alinhar o potencial humano aos seus objetivos estratégicos. Em um cenário onde mudanças tecnológicas e sociais ocorrem de maneira acelerada, a simples avaliação de resultados deixa de ser suficiente. É fundamental adotar uma abordagem que compreenda as necessidades individuais, promovendo crescimento contínuo e alinhado às expectativas organizacionais.

Não se trata apenas de avaliar resultados, mas de criar mecanismos que permitam aos colaboradores florescerem em suas competências e alinharem suas metas individuais aos objetivos estratégicos da organização. Em um ambiente de mudanças rápidas e crescentes exigências por inovação, compreender o potencial humano é tão importante quanto desenvolver produtos ou serviços inovadores.

Nesse contexto, uma questão central se apresenta: de que maneira as organizações podem incorporar práticas que vão além da avaliação de desempenho, promovendo o desenvolvimento contínuo e personalizado de seus colaboradores? Essa reflexão inaugura uma análise sobre como estratégias bem estruturadas podem transformar o ambiente organizacional, potencializando resultados e estimulando o engajamento. Para responder a essa pergunta, é necessário explorar aspectos fundamentais que sustentam a gestão de desempenho integrada ao desenvolvimento individualizado. São eles: ferramentas de avaliação e feedback personalizado, que fornecem um diagnóstico claro do desempenho e das necessidades dos colaboradores; planos de desenvolvimento pessoal e profissional, que conectam as aspirações individuais às metas organizacionais; e gestão de carreiras com foco em mobilidade interna e sucessão, que garante a retenção de talentos e a sustentabilidade organizacional no longo prazo.

Cada um desses elementos será explorado a seguir, com exemplos práticos e uma análise que mostra como uma abordagem humanizada e estratégica pode impulsionar as organizações a atingirem suas metas, ao mesmo tempo que promovem o desenvolvimento e a valorização do potencial humano.

Ferramentas de avaliação e feedback personalizado

A gestão de desempenho evoluiu significativamente ao longo das décadas. No passado, modelos tradicionais baseavam-se exclusivamente em avaliações anuais formais, muitas vezes desassociadas do contexto organizacional dinâmico. Hoje, as organizações adotam um modelo mais flexível e estratégico, focado em feedbacks contínuos e no desenvolvimento personalizado. A figura 6.1 traz uma linha do tempo da gestão de desempenho, destacando sua evolução desde avaliações hierárquicas tradicionais até o feedback contínuo e as metodologias ágeis do cenário atual.

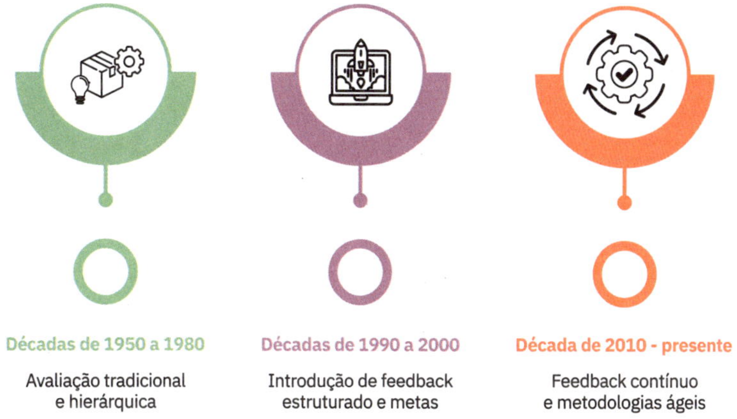

Figura 6.1 – Linha do tempo da gestão do desempenho

A avaliação de desempenho, quando conduzida de forma estratégica, vai além de uma prática isolada e torna-se uma ferramenta fundamental para alinhar os objetivos individuais às metas organizacionais. Ao invés de se limitar à medição de resultados quantitativos, ela deve ser vista como um processo contínuo que identifica competências, comportamentos e motivações, criando um ciclo de aprendizado e desenvolvimento. Ferramentas como avaliação 360°, metas SMART e metodologias ágeis de feedback desempenham um papel central nessa abordagem, oferecendo uma visão integrada e contextualizada do desempenho.

A avaliação 360º se destaca por reunir feedbacks de múltiplas fontes, permitindo uma análise abrangente das habilidades e comportamentos dos colaboradores. Essa ferramenta cria um panorama detalhado que vai além da perspectiva do gestor direto, englobando a visão de colegas, subordinados e até clientes. Essa multiplicidade de olhares possibilita identificar tanto os pontos fortes quanto as áreas que precisam de desenvolvimento. Em uma empresa de varejo, por exemplo, a aplicação da avaliação 360º revelou que um gerente, considerado tecnicamente competente, apresentava dificuldades de comunicação com a equipe. A partir desse diagnóstico, foi possível elaborar um plano de desenvolvimento focado em escuta ativa e gestão de conflitos, gerando melhorias significativas no engajamento e no clima organizacional.

★ **IMPORTANTE**

A avaliação 360° fornece uma visão abrangente do colaborador ao reunir feedbacks de diferentes fontes, como gestores, pares, subordinados e clientes. Esse método amplia a compreensão sobre habilidades e oportunidades de melhoria, proporcionando um diagnóstico preciso e multidimensional.

Além da avaliação 360°, a definição de metas claras é fundamental para estruturar as expectativas e direcionar esforços. As metas SMART, que são específicas, mensuráveis, alcançáveis, relevantes e temporais, são amplamente reconhecidas por promoverem clareza e foco. Quando os objetivos são claramente definidos, como no caso de uma equipe de vendas que trabalha para aumentar o volume de negócios em 10% no próximo trimestre, a equipe tem uma direção clara. Isso não apenas facilita a mensuração de resultados, mas também cria oportunidades para feedbacks construtivos, permitindo ajustes rápidos e aprendizado contínuo.

A sigla SMART representa cinco critérios fundamentais, descritos nos tópicos a seguir e na figura 6.2:

» **Específico (*specific*):** a meta deve ser clara e objetiva, sem ambiguidades.

» **Mensurável (*measurable*):** deve ser possível medir o progresso em relação à meta.

» **Alcançável (*achievable*):** a meta precisa ser realista e viável dentro das circunstâncias disponíveis.

» **Relevante (*relevant*):** a meta deve estar alinhada aos objetivos organizacionais e individuais.

» **Temporal (*time-bound*):** deve haver um prazo definido para o cumprimento da meta.

Figura 6.2 – Representação das metas SMART

O uso desse método ajuda as organizações a estruturarem objetivos que promovam alinhamento estratégico e impulsionem o crescimento dos colaboradores.

O modelo SMART, ao definir metas específicas, mensuráveis, atingíveis, relevantes e temporais, auxilia os colaboradores a alinhar seus objetivos individuais às metas organizacionais. Por exemplo, ao estabelecer a meta de "aumentar em 15% a satisfação do cliente em seis meses", um time de atendimento consegue direcionar melhor seus esforços (quadro 6.1).

Quadro 6.1 – Exemplo prático de metas SMART

Critério SMART	Exemplo
Específico	Melhorar o atendimento ao cliente.
Mensurável	Aumentar a satisfação do cliente em 15%.
Atingível	Implementar treinamentos de atendimento.
Relevante	Aprimorar a experiência do cliente.
Temporal	Prazo de seis meses.

A integração de metodologias ágeis no processo de gestão de desempenho traz um dinamismo essencial ao ambiente organizacional. Ciclos curtos e regulares de feedback criam um espaço para conversas constantes entre gestores e colaboradores, promovendo ajustes em tempo real e um alinhamento mais próximo das metas. Em uma startup de tecnologia, por exemplo, reuniões semanais para revisar avanços e resolver desafios emergentes têm se mostrado eficazes para otimizar a produtividade e fortalecer a comunicação interna.

As metodologias ágeis são abordagens iterativas e flexíveis para gestão de projetos e processos organizacionais. Essas metodologias incentivam o feedback contínuo, a adaptação rápida às mudanças e a colaboração ativa entre equipes.

Um exemplo de aplicação ocorre no setor de tecnologia, onde equipes utilizam o framework Scrum para dividir um grande projeto em pequenas entregas incrementais, chamadas "sprints". Esse método permite ajustes contínuos e melhora a eficiência do time ao longo do desenvolvimento.

★ VOCÊ SABIA?

Metodologias ágeis não são usadas apenas em tecnologia, mas também em áreas como marketing, RH e gestão de desempenho. Empresas que adotam feedback contínuo e ciclos curtos de avaliação conseguem melhorar o engajamento dos colaboradores.

★ **NA PRÁTICA**

Você já pensou em como um feedback pode ir além de uma simples avaliação?

Um feedback humanizado vai além de apontar erros ou acertos; ele reconhece as necessidades emocionais e profissionais do colaborador, abrindo espaço para uma comunicação mais construtiva e empática. *Transforme o feedback em uma experiência humanizada.*

Como você pode aplicar isso no dia a dia?

1. **Escuta ativa:** antes de tudo, ouça! Pergunte e entenda os desafios e perspectivas do colaborador. O que está por trás das dificuldades ou sucessos?
2. **Foco nas soluções:** em vez de se fixar em problemas, que tal sugerir caminhos e ideias para superá-los? Transforme críticas em oportunidades!
3. **Empatia e assertividade:** escolha bem as palavras e o momento. Seja claro, mas também respeitoso e compreensivo com as emoções envolvidas.

Por que isso é tão importante?

Essa abordagem cria laços de confiança, melhora o desempenho e contribui para um ambiente organizacional mais saudável e produtivo. Afinal, quem não gosta de ser ouvido e valorizado?

Tente isso em sua próxima conversa e veja a diferença!

Estratégias inovadoras para implementação

Para que a avaliação de desempenho cumpra seu papel estratégico, é indispensável integrá-la ao planejamento organizacional de longo prazo. Ferramentas tecnológicas, como plataformas de gestão de performance e inteligência artificial, podem ser utilizadas para analisar padrões de comportamento e prever tendências de desempenho. Por meio de dashboards interativos, gestores de diversas áreas podem visualizar dados em tempo real, identificar colaboradores com alto potencial e tomar decisões mais informadas sobre promoções, treinamentos ou redistribuição de funções.

A personalização da experiência do colaborador é outro elemento essencial para tornar o processo mais humanizado e eficaz. Isso significa considerar as características individuais de cada profissional, como estilos de comunicação e preferências de aprendizado, ao oferecer feedback e criar planos de desenvolvimento. Por exemplo, um colaborador com perfil técnico pode se beneficiar de treinamentos específicos baseados em projetos reais, enquanto outro, com foco em gestão, pode prosperar em workshops colaborativos e sessões de mentoria.

Benefícios para diferentes áreas

Gestores de áreas distintas podem adaptar essas práticas às necessidades específicas de seus times. Na área de marketing, por exemplo, a avaliação de desempenho pode incluir métricas criativas e indicadores de impacto das campanhas, como engajamento do público e ROI (return on investment). Já na área de operações, o foco pode estar em eficiência, qualidade e cumprimento de prazos. A possibilidade de customizar os critérios de avaliação torna o processo flexível e relevante, maximizando seu impacto em todos os setores.

A gestão de desempenho também se conecta diretamente à retenção de talentos, especialmente em um mercado competitivo. Colaboradores que percebem uma atenção genuína ao seu desenvolvimento têm maior probabilidade de permanecer na organização.

Sugerindo recursos visuais

Para apoiar gestores na aplicação dessas práticas, pode ser interessante apresentar um quadro comparativo das ferramentas mencionadas, destacando suas principais vantagens e aplicações. Além disso, gráficos que demonstrem a relação entre feedbacks regulares e aumento de engajamento podem ilustrar de forma clara os benefícios dessas estratégias. Por fim, incluir imagens de cases reais, como times trabalhando com metodologias ágeis ou participando de avaliações 360°, pode tornar o material mais tangível e inspirador.

A avaliação de desempenho, quando tratada como parte integrante da cultura organizacional, torna-se um elemento transformador. Ela não só melhora o desempenho individual e coletivo como promove uma cultura de aprendizado, colaboração e inovação, essencial para o crescimento sustentável de qualquer organização. Para gestores de todas as áreas, adotar essas práticas significa não apenas gerir equipes, mas também liderar pessoas com um propósito claro e alinhado aos valores organizacionais.

A aplicação de estratégias modernas de gestão, como metas bem definidas e metodologias ágeis, tem transformado a maneira como as equipes entregam resultados e se desenvolvem. Um exemplo prático é o caso de uma startup de tecnologia que adotou as metas SMART para orientar o trabalho de seus times de desenvolvimento de software. Ao estabelecer um objetivo claro, como "entregar um protótipo funcional de um aplicativo em 60 dias", a equipe conseguiu direcionar seus esforços de forma mais assertiva, com prazos definidos e metas alcançáveis. Essa abordagem não só aumentou a produtividade como facilitou a troca de feedbacks mais precisos e construtivos, criando um ambiente de melhoria contínua.

A gestão de desempenho moderna se beneficia amplamente de práticas como o feedback contínuo e estruturado. O abandono das avaliações anuais em favor de ciclos mais curtos e regulares promove um diálogo constante entre gestores e colaboradores. Isso reduz as lacunas na comunicação e fortalece a motivação, como demonstrado por uma equipe de marketing que implementou check-ins semanais para monitorar campanhas em andamento. Durante essas reuniões rápidas, os feedbacks em tempo real permitiram ajustes estratégicos e correções de rota, garantindo o sucesso das iniciativas e o desenvolvimento da equipe.

Personalizar o feedback também é um diferencial que gera engajamento e aproxima líderes e liderados. Como Sampaio (2014) sugere, o feedback deve ser adaptado ao estilo de aprendizado e à personalidade de cada indivíduo. Ao adaptar as orientações ao perfil e às metas individuais de cada colaborador, o líder demonstra cuidado e promove um ambiente de aprendizado contínuo. Imagine um analista financeiro com destacada habilidade técnica, mas que enfrenta desafios em situações de alta pressão. Um feedback personalizado que reconheça sua precisão analítica enquanto sugere treinamentos em gestão do estresse pode fomentar um desenvolvimento equilibrado, além de fortalecer a confiança do colaborador na liderança.

Além de impactar diretamente o desempenho individual e coletivo, essas práticas contribuem para a construção de uma cultura organizacional sólida, fundamentada em transparência e aprendizado contínuo. As organizações que investem em ferramentas de avaliação e feedback personalizado conseguem não apenas melhorar seus resultados, mas também reter talentos e engajar suas equipes de forma consistente. Essa perspectiva demonstra que essas práticas não são exclusivas de departamentos específicos, mas sim aplicáveis a diferentes áreas, de tecnologia a finanças, conectando gestores de todos os segmentos em torno de um objetivo comum: criar ambientes de trabalho mais colaborativos e produtivos.

O quadro 6.2 demonstra os principais impactos de cada uma das ferramentas apresentadas.

Quadro 6.2 – Impactos das ferramentas no contexto organizacional

Ferramenta	Benefício principal	Exemplo prático
Avaliação 360°	Visão ampla e holística do colaborador.	Identificação de habilidades técnicas e comportamentais em líderes.
Metas SMART	Clareza e alinhamento de expectativas.	Desenvolvimento de protótipo funcional em 60 dias.
Feedback personalizado	Engajamento e motivação individualizada.	Treinamento de gestão do estresse para um analista financeiro.

Ao adotar essas práticas, as empresas deixam de lado abordagens genéricas e passam a valorizar as necessidades individuais, criando um ambiente de trabalho mais colaborativo e inovador. Essas ferramentas, quando integradas a um sistema de gestão estratégica, servem como base para decisões que beneficiam tanto o colaborador quanto a organização.

Planos de desenvolvimento pessoal e profissional

Planos estruturados para o desenvolvimento pessoal e profissional são ferramentas poderosas que conectam as aspirações dos colaboradores aos objetivos das organizações. Mais do que avaliar desempenho, eles oferecem um caminho claro para o crescimento contínuo, integrando habilidades técnicas e comportamentais às necessidades do mercado. Esses mecanismos fortalecem vínculos com a empresa, promovem engajamento e sustentam resultados de longo prazo, criando um ambiente onde indivíduos e organizações evoluem juntos.

A eficácia dessas iniciativas está em alinhar metas individuais às estratégias corporativas, incentivando os profissionais a enxergarem sua contribuição no sucesso coletivo. Além disso, a flexibilidade desses planos é essencial para ajustá-los às rápidas mudanças do mercado e às demandas específicas dos colaboradores. Eles não apenas atendem às necessidades imediatas da empresa, mas também preparam os times para desafios futuros, fomentando uma cultura de protagonismo e pertencimento.

Um dos diferenciais desse tipo de planejamento é o equilíbrio entre o desenvolvimento de competências técnicas e comportamentais. Isso significa que enquanto um colaborador aprimora habilidades específicas, como o uso de novas tecnologias, ele também pode fortalecer capacidades essenciais, como liderança, resiliência e trabalho em equipe. Em ambientes que demandam inovação e colaboração, essa abordagem amplia as possibilidades de sucesso e cria equipes preparadas para atuar de maneira integrada e eficiente.

No contexto das transformações digitais, esses planos assumem um papel ainda mais estratégico. Empresas que investem em capacitações tecnológicas e oferecem oportunidades para os colaboradores aplicarem seus conhecimentos de forma prática tornam-se mais competitivas e adaptáveis. Além de melhorar os resultados das equipes, a integração de competências técnicas e comportamentais reforça a preparação das organizações para lidar com um mercado em constante evolução.

A liderança é outro ponto fundamental para o sucesso dessas práticas. Líderes que assumem o papel de facilitadores do desenvolvimento humano tornam os planos mais dinâmicos e adaptados às realidades organizacionais. Ajustar estratégias conforme as necessidades da empresa e as aspirações dos colaboradores é uma atitude que transforma o planejamento em uma ferramenta viva e eficaz, promovendo engajamento e garantindo resultados consistentes. Esses líderes não apenas supervisionam, mas participam ativamente da construção de um ambiente de crescimento.

O impacto positivo dessas práticas vai muito além do colaborador individual. Quando bem implementadas, elas influenciam diretamente a cultura organizacional, fortalecendo valores como aprendizado contínuo, colaboração e inovação. Empresas que apostam em desenvolvimento humano estruturado criam ambientes de trabalho que atraem e retêm talentos, promovem produtividade e preparam as equipes para desafios futuros. Isso não só beneficia as organizações como fortalece a relação entre pessoas e seus objetivos profissionais. Sausen *et al.* (2019) observam que planos de desenvolvimento pessoal e profissional fortalecem os valores corporativos e incentivam um ambiente de aprendizado contínuo, contribuindo para a construção de organizações mais colaborativas e inovadoras.

Casos reais mostram como essas estratégias transformam equipes e empresas. Em uma cooperativa financeira, gestores identificaram talentos com potencial de liderança e criaram iniciativas específicas, incluindo mentorias e participação em projetos estratégicos. Isso não apenas preparou novos líderes, mas também consolidou a cultura organizacional e reduziu a rotatividade. De maneira similar, uma empresa de tecnologia investiu na combinação de treinamentos em metodologias ágeis com desenvolvimento em inteligência emocional, resultando em uma equipe mais integrada e com entregas de alta qualidade. Essas experiências demonstram como o desenvolvimento planejado, alinhado às necessidades organizacionais, gera resultados expressivos e sustentáveis.

Para gestores de diversas áreas, integrar esse tipo de estratégia ao dia a dia da equipe significa adotar uma postura proativa e engajada no crescimento coletivo. Recursos visuais, como quadros comparativos de competências desenvolvidas antes e após os programas, gráficos de retenção de talentos e histórias reais de transformação, podem ser ferramentas eficazes para demonstrar o impacto dessas práticas. Imagens que mostram equipes em treinamento ou colaboradores engajados em projetos estratégicos podem inspirar outros líderes a adotar iniciativas semelhantes.

Investir no desenvolvimento humano não é somente uma prática eficiente de gestão; é um compromisso com o futuro da organização. Ao promover o aprendizado contínuo, a inovação e a colaboração, essas iniciativas criam organizações resilientes e preparadas para crescer de forma sustentável. Essa é uma oportunidade para que líderes de todas as áreas assumam um papel ativo na transformação de suas equipes, garantindo resultados que vão além dos números e impactam profundamente as pessoas e o ambiente organizacional.

Gestão de carreiras: mobilidade interna e sucessão

A gestão de carreiras é uma estratégia indispensável para organizações que buscam equilibrar a retenção de talentos com a sustentabilidade de seus negócios. Práticas como mobilidade interna e programas de sucessão não apenas reduzem custos associados ao recrutamento externo, mas também fortalecem a confiança dos colaboradores na organização e promovem o engajamento. Planejar a movimentação de talentos e preparar sucessores para posições estratégicas torna as empresas mais resilientes e adaptáveis às constantes mudanças do mercado.

A mobilidade interna, ao permitir que colaboradores explorem novas áreas e assumam funções de maior responsabilidade, contribui para o crescimento pessoal e profissional alinhado às demandas organizacionais. Essa prática reforça o vínculo entre os profissionais e a empresa ao oferecer perspectivas concretas de desenvolvimento, criando um ambiente de trabalho inclusivo e propício à inovação. Além disso, a mobilidade interna é uma oportunidade de promover diversidade, pois amplia o acesso a diferentes funções e valoriza talentos com origens e ideias diversas, enriquecendo a cultura organizacional.

Empresas que estruturam programas de sucessão também minimizam impactos negativos causados pela saída de líderes. Podemos usar como exemplo uma empresa global do setor financeiro que implementou um programa de mobilidade interna com foco na sucessão estratégica. A organização identificou talentos promissores dentro de suas equipes e criou um plano de desenvolvimento personalizado para cada um deles. Isso incluiu mentorias com executivos seniores, participação em projetos interdepartamentais e treinamentos especializados.

Em um período de quatro anos, a empresa conseguiu preencher 75% de suas posições de liderança com talentos internos, reduzindo os custos com recrutamento externo em 40%. Além disso, a taxa de retenção de talentos estratégicos aumentou em 30%, demonstrando o impacto positivo da iniciativa na cultura organizacional e no engajamento dos colaboradores.

O quadro 6.3 resume a relação entre estratégias de gestão de pessoas e seus benefícios, destacando a mobilidade interna e a sucessão planejada como pilares para eficiência e retenção organizacional.

Quadro 6.3 – Estratégias de gestão de pessoas e seus benefícios

Estratégia	Benefício
Mobilidade interna	Redução de custos e aumento do engajamento.
Sucessão planejada	Continuidade organizacional e retenção de talentos.

A sucessão é um dos pilares da gestão de carreiras, garantindo a continuidade das operações e o desenvolvimento de futuros líderes. Preparar sucessores não se limita a treinar colaboradores; trata-se de construir uma base sólida para sustentar a visão e os valores organizacionais mesmo em cenários de transição. Programas de sucessão eficazes reduzem riscos associados à saída de profissionais-chave, além de fortalecer a confiança dos stakeholders e assegurar a estabilidade estratégica. Em uma cooperativa financeira, essa abordagem incluiu mentorias e treinamentos específicos para preparar líderes para posições críticas, garantindo uma transição suave e a consolidação da cultura organizacional.

A integração entre mobilidade interna e sucessão cria um ciclo virtuoso que potencializa a gestão de talentos. Quando essas práticas são combinadas, as organizações não apenas identificam e desenvolvem talentos, mas também os posicionam estrategicamente para maximizar resultados. Empresas visionárias que adotam essa abordagem conseguem preencher a maior parte das posições gerenciais internamente, reduzindo custos e fortalecendo uma cultura de inovação e aprendizado contínuo. Rodízios entre departamentos e treinamentos focados em liderança são exemplos de ações que consolidam essa estratégia e preparam colaboradores para assumir desafios cada vez mais complexos.

Além dos benefícios diretos, essas práticas transformam a cultura organizacional ao priorizar o aprendizado contínuo e a meritocracia. Colaboradores que percebem uma preocupação genuína com seu desenvolvimento estão mais engajados e motivados a contribuir com os objetivos estratégicos da empresa. Um exemplo emblemático é o caso da Disney, que historicamente investiu na identificação e no desenvolvimento de talentos internos, garantindo a adaptação de sua visão estratégica às mudanças do mercado. Esse modelo destaca como práticas consistentes de mobilidade e sucessão asseguram a perenidade organizacional.

A era da transformação digital e o contexto globalizado reforçam ainda mais a necessidade dessas práticas. Organizações que investem no desenvolvimento de competências internas em áreas como tecnologia, inovação e liderança estão mais bem preparadas para enfrentar cenários de incerteza. Mobilidade interna e sucessão não são apenas ferramentas para a gestão de talentos, mas também pilares para construir empresas resilientes e prontas para responder às demandas do futuro.

Para ilustrar o impacto dessas práticas, quadros comparativos podem ser úteis, destacando os benefícios para a organização e para os colaboradores, como redução de custos e retenção de talentos, ao lado de oportunidades concretas de crescimento e preparo para posições estratégicas. Gráficos que mostram o impacto da redução do turnover ou o aumento da satisfação dos colaboradores após a implementação de programas de mobilidade podem reforçar os resultados dessas iniciativas. Além disso, cases de sucesso, como o da Disney, são exemplos tangíveis que inspiram gestores a adotar práticas semelhantes, adaptando-as às suas realidades organizacionais.

Por fim, a gestão de carreiras, ao integrar mobilidade e sucessão, promove um ciclo de evolução organizacional que beneficia tanto os indivíduos quanto o coletivo. Para gestores de diversas áreas, adotar essas estratégias significa não só aprimorar resultados como construir uma organização mais humana, inovadora e preparada para os desafios de um mercado em constante transformação.

Arrematando as ideias

A integração da gestão de desempenho com o desenvolvimento individualizado representa uma transformação significativa na forma como as organizações valorizam e potencializam seu capital humano. Este capítulo destacou a importância de adotar abordagens personalizadas e estratégicas para avaliação de desempenho, desenvolvimento de planos individuais e gestão de carreiras, demonstrando que o sucesso organizacional está intrinsecamente ligado ao crescimento contínuo e ao engajamento dos colaboradores.

Por meio de ferramentas como avaliação 360º, metas SMART e feedbacks personalizados, ficou evidente que o alinhamento entre objetivos individuais e organizacionais cria uma sinergia capaz de impulsionar tanto os resultados quanto a satisfação no ambiente de trabalho. Esses instrumentos não apenas promovem a transparência e a colaboração, mas também estabelecem uma cultura de aprendizado contínuo, fundamental para enfrentar as mudanças tecnológicas e sociais do mundo contemporâneo.

Os planos de desenvolvimento pessoal e profissional e os programas de mobilidade interna e sucessão complementam essa abordagem, garantindo a retenção de talentos, a sustentabilidade organizacional e a preparação de lideranças futuras. O investimento no desenvolvimento humano vai além de uma prática eficiente de gestão: é uma estratégia de longo prazo que assegura a competitividade e a capacidade de inovação das organizações.

As reflexões apresentadas neste capítulo deixam claro que o desenvolvimento individualizado não é uma escolha, mas uma necessidade estratégica para organizações que desejam permanecer relevantes e competitivas. Valorizar e investir no potencial humano é o caminho para construir ambientes de trabalho mais resilientes, colaborativos e alinhados às demandas de um futuro incerto. Adotar uma abordagem humanizada e estratégica permite às empresas não apenas alcançar seus objetivos, mas também criar um legado de impacto positivo que se estende aos colaboradores, clientes e à sociedade como um todo. Essa visão define o presente das organizações e, ao mesmo tempo, molda um futuro em que o capital humano é o principal motor de transformação e crescimento sustentável.

7

Liderança empreendedora e personalização da experiência do colaborador

A ponte da liderança.

Imagine uma ponte suspensa entre duas montanhas. Ela balança levemente com o vento, exigindo atenção e equilíbrio a cada passo. Sob a ponte, um vale profundo simboliza os desafios e as incertezas do ambiente corporativo. Cada colaborador que atravessa essa ponte carrega consigo seus sonhos, expectativas e experiências únicas. Do outro lado, uma trilha leva ao crescimento, ao desenvolvimento e à realização profissional.

Agora, visualize o líder não como alguém que apenas observa à distância, mas como alguém que caminha ao lado dos colaboradores nessa travessia. Ele não carrega as pessoas no colo, tampouco dá ordens para que sigam apressadamente. Em vez disso, ele ajusta seu ritmo ao delas, oferecendo apoio quando necessário, estimulando a confiança e celebrando cada passo conquistado.

Essa imagem é uma metáfora da jornada do colaborador. Uma travessia repleta de desafios, momentos de insegurança e, sobretudo, oportunidades de crescimento e inovação. Será que todo líder compreende o quanto seu papel é determinante nessa jornada? Mais do que direcionar ou supervisionar, o líder que entende essa dinâmica atua como facilitador, alguém que molda o ambiente para que a experiência do colaborador seja personalizada, estimulante e repleta de propósito.

Ao longo deste capítulo, vamos explorar como os *estilos de liderança*, a construção de um *ambiente de inovação e empoderamento* e a compreensão profunda da *jornada do colaborador* se interligam. Cada um desses elementos é uma peça essencial para a gestão empreendedora e humanizada. Mas, para que essa ponte seja realmente segura e inspiradora, é necessário que o líder esteja disposto a refletir, adaptar-se e evoluir junto com seus colaboradores.

É hora de entender que cada interação conta, cada gesto importa e cada decisão deixa um legado. Que possamos ser líderes que não só atravessam a ponte, mas ajudam a construí-la, tornando-a mais firme, inclusiva e inovadora para todos que escolherem trilhar esse caminho conosco.

Estilos de liderança e adaptação às necessidades dos colaboradores

Cada colaborador carrega consigo um conjunto único de experiências, valores e motivações. Compreender essas particularidades é fundamental para construir relações sólidas e impulsionar o engajamento. Como, então, os líderes podem personalizar sua abordagem para atender a necessidades individuais sem comprometer os objetivos estratégicos da organização? A resposta está na capacidade de adaptação dos estilos de liderança e na habilidade de perceber o contexto humano em constante transformação. Liderar, nesse cenário, vai além de gerenciar equipes;

significa ler as nuances do comportamento, compreender os colaboradores e ajustar a própria postura para promover o desenvolvimento e a inovação.

A liderança eficaz se constrói na escuta ativa e no diálogo, promovendo conexões autênticas que impulsionam o crescimento das equipes.

A *liderança situacional* é um dos caminhos possíveis para essa adaptação. Esse modelo propõe que a eficácia do líder está diretamente ligada à sua flexibilidade em ajustar a abordagem de acordo com o nível de competência e motivação de cada colaborador. Um profissional recém-chegado, por exemplo, pode necessitar de uma liderança diretiva, com orientações claras e acompanhamento próximo. Em contraste, um colaborador experiente e confiante se beneficiará de uma abordagem mais delegativa, com autonomia para tomar decisões e inovar. Essa capacidade de calibrar o estilo de liderança cria um ambiente dinâmico, onde cada indivíduo é incentivado a crescer conforme suas necessidades.

Outro estilo relevante para a personalização da experiência do colaborador é a *liderança transformacional*. Nessa abordagem, o líder atua como uma fonte de inspiração, motivando os colaboradores a superarem suas próprias expectativas. Em vez de se concentrar apenas em metas e processos, a liderança transformacional valoriza o desenvolvimento pessoal e profissional. Ao identificar talentos e pontos fortes, o líder conecta cada colaborador a desafios que estimulam seu crescimento. Essa prática não apenas fortalece a confiança, mas também promove uma cultura de inovação e aprendizado contínuo.

A *liderança servidora* também se destaca nesse cenário. Nela, o líder coloca as necessidades dos colaboradores em primeiro plano, buscando criar um ambiente de trabalho respeitoso e inclusivo. A escuta ativa e a empatia são pilares dessa abordagem, que visa compreender os desafios individuais e remover obstáculos que impedem o progresso. Colaboradores que percebem esse cuidado se sentem mais valorizados e engajados, contribuindo de forma genuína para os objetivos organizacionais.

Por fim, a *liderança autêntica* reforça a importância da transparência e da coerência. Líderes autênticos constroem relações baseadas na confiança, agindo de forma ética e consistente. Essa postura cria um ambiente onde os colaboradores se sentem seguros para expressar suas ideias e preocupações, sabendo que serão ouvidos e respeitados.

No contexto do trabalho híbrido e das transformações digitais, a adaptação dos estilos de liderança se torna ainda mais relevante. A gestão de equipes distribuídas exige que os líderes sejam capazes de equilibrar proximidade e autonomia, oferecendo suporte adequado sem microgerenciar. Ferramentas de comunicação digital ajudam a manter a conexão, mas é a presença intencional do líder, mesmo à distância, que fortalece os vínculos e promove um ambiente colaborativo.

Independentemente do estilo predominante, a empatia e a escuta ativa são indispensáveis. Líderes que praticam a escuta ativa captam sinais importantes sobre o que cada colaborador realmente precisa, indo além das demandas operacionais para compreender aspectos emocionais e motivacionais. Ao aplicar a empatia, o líder demonstra cuidado genuíno com o bem-estar do time, fortalecendo o vínculo com a organização.

Para simplificar, resumimos os estilos de liderança no quadro 7.1.

Quadro 7.1 – Estilos de liderança e suas características

Estilo de liderança	Características	Aplicação
Situacional	Adapta-se à competência e à motivação do colaborador.	É ideal para equipes diversas com diferentes níveis de experiência.
Transformacional	Foca na inspiração e no desenvolvimento contínuo.	É eficaz em contextos de inovação e mudança.
Servidora	Prioriza as necessidades dos colaboradores e a remoção de barreiras.	Promove confiança e pertencimento.
Autêntica	É baseada em transparência, ética e coerência entre discurso e ação.	Constrói relações genuínas e de confiança.

★ PARA SABER MAIS

No capítulo 4, discutimos a construção do legado dentro das organizações e como ele influencia a cultura e o desenvolvimento das equipes. Nesse contexto, o papel do líder é refletir continuamente sobre qual legado está deixando e como suas ações moldam a jornada dos colaboradores. Para aprofundar essa reflexão, a obra *Qual é a tua obra? Inquietações propositivas sobre gestão, liderança e ética*, de Mário Sérgio Cortella, oferece valiosas perspectivas sobre propósito e responsabilidade na liderança. Cortella apresenta reflexões que conectam liderança, legado e busca por significado, temas essenciais para uma gestão empreendedora e humanizada.

Adaptar os estilos de liderança não é um exercício pontual, mas um processo contínuo. A liderança empreendedora e humanizada exige uma reflexão constante sobre as necessidades da equipe e uma disposição genuína para evoluir junto com os colaboradores. Nesse movimento, os líderes não só impulsionam o desenvolvimento individual como também constroem um ambiente organizacional onde a inovação, a satisfação e o engajamento se tornam parte da cultura.

Criando um ambiente de inovação e empoderamento

Criar um ambiente organizacional inovador e empoderador é um desafio que demanda mais do que somente implementar novas tecnologias ou adotar processos modernos. Inovação e empoderamento, quando aplicados à gestão de pessoas, transcendem práticas superficiais e exigem um compromisso genuíno com a cultura organizacional e com o desenvolvimento humano.

Inovação, nesse contexto, não se resume a ideias disruptivas ou mudanças tecnológicas. Ela envolve, acima de tudo, a capacidade de pensar de forma diferente, propor soluções criativas e fomentar um ambiente onde novas abordagens são bem-vindas. Inovar significa questionar padrões, abrir espaço para a experimentação e aceitar que o erro faz parte do processo de aprendizado. Líderes que promovem a inovação entendem que as melhores ideias muitas vezes surgem dos próprios colaboradores, quando estes se sentem ouvidos, valorizados e livres para propor mudanças.

Empoderamento, por sua vez, significa conceder aos colaboradores a autonomia, os recursos e a confiança necessária para que tomem decisões e assumam responsabilidades. Não se trata apenas de delegar tarefas, mas de criar uma cultura em que cada pessoa se sente capaz e autorizada a agir. Empoderar é reconhecer e potencializar as competências individuais, oferecendo suporte contínuo e estimulando o crescimento. Quando os colaboradores são empoderados, além de desempenhar suas funções, eles se tornam agentes ativos de transformação.

Para que inovação e empoderamento floresçam, é necessário construir um ambiente seguro e inclusivo, onde a comunicação é aberta e a hierarquia se torna flexível. O líder tem um papel fundamental nesse processo, atuando como facilitador e exemplo de abertura à mudança. Ao invés de centralizar o poder e as decisões, ele estimula a participação ativa da equipe e valoriza diferentes perspectivas. Essa postura não só gera ideias inovadoras como fortalece o senso de pertencimento e motivação.

Liderança, inovação e empoderamento. Líderes que incentivam a colaboração promovem a inovação e fortalecem os laços entre os membros da equipe.

Ambientes inovadores e empoderadores não surgem por acaso. Eles são cultivados por meio de práticas intencionais e consistentes. A primeira dessas práticas é o incentivo à colaboração. Quando os colaboradores têm oportunidades para trabalhar juntos em desafios comuns, a diversidade de ideias e experiências amplia as possibilidades de soluções criativas. O líder pode criar espaços de troca, como reuniões de brainstorming, hackathons internos ou grupos de trabalho multidisciplinares.

Outra prática essencial é o reconhecimento do esforço e da criatividade. Reconhecer publicamente as contribuições dos colaboradores cria um ciclo positivo de motivação e autoconfiança. O reconhecimento não precisa ser limitado a grandes realizações; pequenas vitórias e iniciativas também devem ser valorizadas. Esse reconhecimento constante ajuda a construir uma cultura em que a inovação é percebida como parte do dia a dia e não como um evento isolado.

A *escuta ativa* também é um componente-chave nesse processo. Um líder que ouve atentamente as ideias e preocupações dos colaboradores demonstra respeito e valida suas contribuições. Essa prática fortalece a confiança e encoraja os colaboradores a compartilharem ideias sem medo de julgamentos. Ao aplicar a escuta ativa, o líder mostra que cada voz importa e que a inovação é um esforço coletivo.

Além disso, oferecer oportunidades de desenvolvimento contínuo é uma forma concreta de empoderar a equipe. Programas de capacitação, workshops e cursos voltados para o aprimoramento de habilidades qualificam os colaboradores e demonstram que a organização investe em seu crescimento. Esse investimento fortalece a autoestima e cria um ambiente propício à inovação, pois os colaboradores se sentem preparados para enfrentar novos desafios.

Criar um ambiente de inovação e empoderamento requer uma liderança disposta a refletir constantemente sobre suas práticas e seu impacto. Qual é o espaço que estou dando para a criatividade? Como estou incentivando a autonomia da minha equipe? Essas perguntas devem guiar as ações diárias dos líderes, que, ao praticarem uma gestão empreendedora e humanizada, transformam o ambiente de trabalho em um espaço vivo de aprendizado e evolução.

Em última análise, a inovação e o empoderamento são faces de uma mesma moeda: a confiança no potencial humano. Quando os colaboradores percebem que suas ideias são valorizadas e que têm autonomia para agir, o ambiente organizacional se torna um terreno fértil para o desenvolvimento sustentável e a transformação contínua.

O papel do líder na jornada do colaborador

Quantos gestores conseguem dizer, com plena convicção, que conhecem a jornada do colaborador de ponta a ponta? Quantos entendem que essa jornada vai muito além do primeiro dia de trabalho ou da entrega de metas? Refletir sobre essas perguntas é o ponto de partida para uma liderança verdadeiramente humanizada e empreendedora. A jornada do colaborador não é um conceito da moda ou um novo jargão corporativo; é uma representação viva das experiências que cada pessoa tem ao longo de sua trajetória dentro da organização. O líder que compreende e influencia positivamente essa jornada está construindo não apenas carreiras, mas também ambientes sustentáveis e inovadores.

A jornada do colaborador pode ser definida como o conjunto de interações e experiências que um profissional vivencia desde o primeiro contato com a marca empregadora até sua saída da empresa. Essas interações incluem desde a percepção inicial ao ver uma vaga anunciada, passando pelo processo de recrutamento, onboarding, desenvolvimento, promoções, até o momento da saída, por aposentadoria ou por novas oportunidades. Cada etapa dessa jornada tem o potencial de impactar não só o desempenho, mas também o senso de pertencimento e satisfação do colaborador.

Para um líder, conhecer e atuar em cada fase dessa jornada é mais do que uma estratégia de gestão – é um compromisso com a dignidade e o desenvolvimento humano. Isso exige atenção às necessidades individuais, adaptação dos estilos de liderança e uma constante reflexão sobre como as práticas diárias afetam a experiência dos colaboradores. A forma como um líder conduz reuniões, dá feedback ou celebra conquistas pode transformar positivamente a jornada de alguém ou, pelo contrário, gerar frustração e desconexão.

Reconhecer cada etapa da jornada do colaborador (figura 7.1), como as fases de promoção e retenção, fortalece o engajamento, pois os colaboradores percebem que seu esforço e desempenho são valorizados de forma contínua e estruturada. Isso contribui para a construção de um ambiente de trabalho mais humano e alinhado com os valores organizacionais.

Nas fases de *atração, recrutamento e seleção*, o papel do líder é ser o espelho da cultura organizacional e do ambiente que os novos colaboradores encontrarão. Uma vaga bem descrita, uma entrevista transparente e um processo seletivo acolhedor são sinais de uma organização que valoriza as pessoas desde o início. Se o líder estiver presente nessa etapa, participando ativamente do processo, ele já começa a estabelecer um vínculo de confiança e alinhamento com os valores da equipe.

O *onboarding*, ou processo de integração, é uma das etapas mais sensíveis da jornada. Um líder que se dedica a acolher os novos membros e

Figura 7.1 – Jornada do colaborador

fornecer a eles as informações e o suporte necessário está construindo uma base sólida para o engajamento. Mais do que apresentar políticas e procedimentos, o onboarding deve ser uma experiência que transmite pertencimento. Pequenos gestos, como uma mensagem de boas-vindas personalizada ou a oferta de um mentor dentro da equipe, podem fazer toda a diferença.

Durante a fase de *desenvolvimento*, o líder tem o papel de identificar e potencializar talentos. Isso significa oferecer feedback contínuo, oportunidades de aprendizado e projetos que desafiem e motivem os colaboradores. Nessa etapa, a personalização é fundamental. Cada profissional tem aspirações e ritmos diferentes de aprendizado. O líder que realmente conhece sua equipe será capaz de oferecer experiências de desenvolvimento alinhadas às necessidades individuais, fortalecendo a confiança e a autonomia.

Ao longo da jornada do colaborador, o *reconhecimento* – especialmente nas fases de promoção e retenção – é um dos fatores que mais influenciam o engajamento. Reconhecer o esforço, a criatividade e os resultados não deve ser um evento esporádico, mas sim uma prática constante. Líderes que expressam gratidão e valorizam as contribuições individuais criam um ambiente em que os colaboradores se sentem vistos e respeitados. Esse reconhecimento fortalece a cultura de inovação e empoderamento, incentivando os colaboradores a darem o melhor de si.

As *transições* e *promoções* também são momentos críticos na jornada do colaborador. Um líder atento sabe que essas mudanças vêm acompanhadas de expectativas, ansiedades e desafios. Oferecer suporte durante esses períodos, por meio de mentorias, feedback estruturado ou planos de desenvolvimento específicos, demonstra uma liderança humanizada e comprometida com o sucesso contínuo dos colaboradores.

Mesmo a fase de saída (*separação*) deve ser conduzida com dignidade e respeito. Seja por decisão própria, seja por necessidade organizacional, o desligamento de um colaborador é um momento que reflete a maturidade da liderança. Um processo de offboarding cuidadoso, que inclua conversas abertas e feedback honesto, contribui para que a jornada termine de forma positiva, deixando portas abertas e um legado de respeito mútuo.

O Glassdoor, mencionado na figura 7.1, é uma plataforma on-line que permite a funcionários e ex-funcionários avaliar empresas, compartilhar depoimentos sobre suas experiências e fornecer informações sobre salários e benefícios. Ele exerce um papel relevante no ciclo de vida do colaborador, especialmente nas fases de atração e para alumni (ex-funcionários).

Durante a fase de atração, o Glassdoor serve como uma ferramenta valiosa para candidatos conhecerem melhor a empresa, por meio das avaliações e depoimentos disponíveis. Esse acesso possibilita uma compreensão mais autêntica da cultura organizacional, auxiliando os talentos a tomarem decisões mais informadas antes de se candidatarem.

Na fase de *alumni*, a plataforma mantém sua relevância, pois permite que ex-funcionários compartilhem suas experiências e avaliações. Esse feedback impacta diretamente a reputação da organização e sua capacidade de atrair novos talentos no futuro. Assim, o Glassdoor se torna uma ferramenta estratégica para promover a transparência e fortalecer a marca empregadora ao longo do tempo.

Líderes que compreendem a jornada do colaborador enxergam cada etapa como uma oportunidade de construir relações duradouras e significativas. Eles não se limitam a reagir às necessidades imediatas, mas antecipam desafios e criam ambientes nos quais os colaboradores se sentem apoiados e motivados. Em um mundo onde a individualidade e a experiência são valorizadas, a personalização da jornada do colaborador não é um luxo, mas uma necessidade.

Para construir essa visão, é essencial que o líder esteja disposto a ouvir e aprender continuamente. Ferramentas como pesquisas de clima organizacional, sessões de feedback e conversas individuais são meios valiosos para entender como cada colaborador está vivenciando sua jornada. Esses dados, quando usados com inteligência e sensibilidade, permitem ajustar práticas de liderança e aprimorar continuamente a experiência dos colaboradores.

Em última análise, o papel do líder na jornada do colaborador é ser um facilitador de experiências positivas e transformadoras. Líderes que reconhecem essa responsabilidade não apenas elevam o desempenho das equipes, mas também contribuem para um ambiente organizacional mais humano, inovador e sustentável. Cada interação conta, cada gesto importa, e cada fase da jornada é uma oportunidade de construir um legado de respeito, desenvolvimento e realização.

Arrematando as ideias

Imagine um espelho no qual cada líder se olha todos os dias, buscando reconhecer não só a própria imagem, mas as sombras e reflexos das equipes que lidera. Esse espelho não distorce, não filtra, não mente. Ele reflete a realidade das relações construídas, das decisões tomadas e das experiências proporcionadas aos colaboradores. Quando um líder se permite encarar esse reflexo com honestidade, surgem perguntas que transcendem o óbvio: que tipo de ambiente estou criando? Que tipo de impacto estou gerando na vida das pessoas que trabalham comigo?

Liderar, como vimos, não é apenas conduzir processos ou atingir metas. É atuar na construção de experiências significativas e duradouras. Cada estilo de liderança adotado, cada prática de inovação incentivada, cada momento de empoderamento promovido, se entrelaça em uma jornada que molda não apenas os resultados organizacionais, mas as vidas e histórias individuais dos colaboradores. Será que estamos conscientes desse poder?

Criar um ambiente de inovação e empoderamento não é tarefa pontual; é uma missão contínua. Exige coragem para desafiar o status quo, humildade para reconhecer que não temos todas as respostas e empatia para ouvir atentamente o que os colaboradores têm a dizer. Que espaço você está dando para que sua equipe traga ideias novas? Como você reage quando essas ideias falham? A inovação só floresce quando o erro é aceito como parte natural do processo de crescimento.

O empoderamento, por sua vez, não se limita a delegar tarefas. Ele envolve confiança genuína na capacidade dos colaboradores de tomar decisões e agir de forma autônoma. Pergunte-se: estou oferecendo autonomia real ou apenas a ilusão de liberdade sob controle rígido? O verdadeiro empoderamento acontece quando os colaboradores sentem que suas vozes importam e que têm o suporte necessário para agir com responsabilidade e criatividade.

A jornada do colaborador, com todas as suas fases e transições, é um roteiro em constante desenvolvimento. Desde a atração até o desligamento, cada etapa é uma oportunidade para fortalecer vínculos, inspirar crescimento e construir legados. Quantos líderes se preocupam com a forma como um colaborador se despede da organização? A maneira como tratamos os momentos finais revela tanto sobre nossa liderança quanto os momentos iniciais de acolhimento e integração.

A liderança empreendedora e humanizada não é um conceito abstrato; é uma prática diária, feita de escolhas conscientes e ações deliberadas. Cada decisão que tomamos, cada palavra que escolhemos e cada gesto que expressamos influencia a experiência daqueles que lideramos. Estamos cientes desse impacto? Estamos dispostos a ajustar nossa postura, se necessário, para criar ambientes mais inclusivos, inovadores e inspiradores?

Refletir sobre nossa atuação como gestores significa questionar se estamos realmente promovendo o desenvolvimento humano. Estamos ajudando nossos colaboradores a crescer como profissionais e pessoas? Estamos proporcionando oportunidades para que descubram e desenvolvam seus talentos? Liderar com humanização exige enxergar o potencial em cada indivíduo e criar caminhos para que esse potencial floresça.

A transformação organizacional começa com a transformação pessoal. Ao buscar inovação e empoderamento, não apenas para os outros, mas também para nós mesmos, nos tornamos líderes mais eficazes e humanos. Como você está investindo no seu próprio crescimento? Você está disposto a aprender com sua equipe, a mudar de direção quando necessário, e a admitir que o processo de liderança é uma jornada compartilhada?

No fim das contas, o legado de um líder não é medido apenas pelo que ele construiu, mas pelo que ele inspirou os outros a construir. Que tipo de legado você deseja deixar? Será um ambiente onde as pessoas sentem medo ou um ambiente onde elas florescem com confiança e propósito? Um legado de imposição ou de colaboração? Um ambiente estagnado ou uma cultura viva e dinâmica de aprendizado e inovação?

A liderança não é um ato isolado; é um compromisso contínuo com o desenvolvimento e a dignidade humana. Que possamos ser líderes que refletem, questionam, aprendem e, acima de tudo, agem com responsabilidade e inspiração. Cada escolha conta. Cada atitude constrói. E cada um de nós tem o poder de moldar um futuro organizacional onde as pessoas não apenas trabalham, mas prosperam e se realizam.

8

Employer branding e gestão da reputação organizacional

Reflexo da identidade: a imagem que uma organização projeta para o mundo.

A reputação de uma empresa como empregadora pode ser comparada a um espelho d'água: sua superfície reflete exatamente aquilo que a organização projeta internamente. Se a cultura for transparente, autêntica e bem estruturada, a imagem refletida será clara e atrativa para talentos e stakeholders. No entanto, se houver desalinhamento entre discurso e prática, as distorções se tornarão visíveis, impactando negativamente a percepção do público. Assim como um lago que se turva com pequenas interferências, uma gestão inconsistente pode rapidamente comprometer a confiança e o posicionamento da empresa no mercado. Dessa forma, o employer branding não é apenas um conjunto de ações promocionais, mas um reflexo direto da experiência proporcionada aos colaboradores.

O conceito de employer branding tem ganhado destaque no cenário corporativo moderno, refletindo a crescente preocupação das empresas com sua reputação como empregadoras. Em um mercado altamente competitivo, no qual talentos qualificados têm diversas opções de trabalho, a imagem que uma organização projeta pode ser um fator determinante para atrair e reter profissionais estratégicos.

Assim, mais do que uma simples ação de marketing, o employer branding é uma construção contínua baseada na cultura, nos valores e na experiência dos colaboradores. Sua evolução acompanha as transformações do mundo do trabalho. No passado, a estabilidade e os benefícios financeiros eram os principais atrativos para os profissionais. Hoje, os talentos buscam mais do que um salário competitivo; procuram propósito, desenvolvimento e um ambiente organizacional alinhado aos seus valores. Empresas que compreendem essa mudança conseguem se posicionar de forma diferenciada, garantindo não só uma força de trabalho mais engajada como um impacto positivo na sociedade e no mercado.

Além disso, com a disseminação de redes sociais e plataformas de avaliação de empregadores, a transparência tornou-se essencial. Informações sobre a cultura corporativa, o clima organizacional e as práticas de gestão estão amplamente acessíveis, tornando impossível esconder problemas internos ou inconsistências entre discurso e prática. Esse cenário exige que as empresas sejam autênticas em suas estratégias de employer branding, garantindo que sua marca empregadora seja condizente com a realidade vivenciada pelos colaboradores.

Outro ponto fundamental é o papel da liderança nesse processo. Os gestores são os principais embaixadores da marca empregadora, pois traduzem os valores da organização para a equipe e moldam a experiência do colaborador no dia a dia. Líderes que incentivam o crescimento, promovem um ambiente de trabalho saudável e se comunicam de maneira eficaz contribuem diretamente para uma reputação corporativa positiva. Assim, a estratégia não pode se limitar ao setor de recursos humanos; ela deve ser incorporada por toda a empresa.

A relação entre employer branding e desempenho organizacional também merece destaque. Pesquisas indicam que empresas com uma marca empregadora forte apresentam menor turnover (rotatividade), maior produtividade e níveis mais elevados de satisfação dos funcionários. Isso ocorre porque colaboradores engajados e satisfeitos tornam-se defensores espontâneos da empresa, ajudando a atrair novos talentos e consolidando uma cultura organizacional de alta performance.

Portanto, investir em employer branding, mais do que uma questão de imagem, é uma estratégia de gestão de pessoas com impacto direto nos resultados da empresa. Este capítulo abordará os principais aspectos dessa temática, detalhando o papel do gestor como embaixador da marca, a influência das redes sociais e plataformas de feedback corporativo e, por fim, estratégias práticas para fortalecer a reputação organizacional de forma sustentável.

O gestor como embaixador da marca: a influência direta na reputação

O employer branding pode ser definido como o conjunto de estratégias e ações adotadas por uma organização para construir e fortalecer sua reputação como empregadora. Ele é a percepção dos talentos internos e externos sobre a empresa, baseada na experiência dos colaboradores, nos valores organizacionais e nas práticas de gestão de pessoas. Um employer branding sólido atrai profissionais qualificados, aumenta o engajamento dos colaboradores e reduz a rotatividade, impactando diretamente os resultados do negócio.

A reputação organizacional não é uma escolha. Não há botão de controle, não há plano infalível, não há estratégia que a domestique por completo. Ela simplesmente acontece. Independente da intenção de líderes, do esforço dos gestores ou do investimento em comunicação, a reputação surge e se estabelece nos espaços em que a empresa não tem voz direta.

Diferente da imagem, que pode ser moldada e projetada, a reputação é um reflexo orgânico da percepção coletiva. Ela não precisa da sua permissão para existir. Está presente nas conversas informais, nas experiências compartilhadas, nos gestos silenciosos que escapam ao radar corporativo. Ela se constrói na mente dos stakeholders, clientes, colaboradores e da sociedade como um todo. E o detalhe mais incômodo? Você não pode decidir como será lembrado.

Isso significa que a empresa não pode fazer nada? Ao contrário. A reputação não é um ativo que se controla, mas é um fenômeno que se influencia. Não se cria uma reputação, mas é possível viver de maneira a gerar uma percepção consistente e confiável. Empresas e líderes que ignoram essa dinâmica, acreditando que basta fazer uma gestão interna eficiente, cedo ou tarde colhem as consequências.

A reputação organizacional é passiva porque não responde ao comando direto. Mas ela é poderosa porque molda tudo ao redor – desde a atração de talentos até a fidelidade do consumidor, passando pela resiliência da marca diante de crises. Se a empresa escolhe ignorá-la, o mercado a lembrará. Se um líder acha que pode agir sem consequências, a memória coletiva se encarregará de mostrar o contrário.

Portanto, a questão não é se a organização tem uma reputação, mas qual reputação ela tem. E mais importante: o que está sendo feito – ou o que se tem deixado de fazer – para que essa reputação se torne um legado positivo, e não um obstáculo inevitável.

A gestão eficaz da marca empregadora envolve desde a cultura organizacional até a comunicação interna e externa. Empresas que se destacam no mercado investem na criação de um ambiente de trabalho positivo, no desenvolvimento contínuo de suas equipes e na transparência de suas políticas, consolidando-se como empregadores desejados. Assim, o employer branding não é mera iniciativa de marketing, mas uma estratégia de longo prazo que envolve todas as áreas da organização.

A reputação organizacional é um dos ativos mais valiosos de qualquer empresa. Em um mundo cada vez mais digitalizado e transparente, os consumidores e clientes têm acesso instantâneo a informações sobre empresas e produtos. A forma como uma organização é percebida pode determinar seu sucesso ou fracasso no mercado. Marcas que investem na construção de uma reputação sólida, baseada em valores consistentes e experiências positivas, colhem benefícios duradouros, enquanto aquelas que negligenciam sua imagem podem enfrentar desafios significativos para reconquistar a confiança do público.

Assim, a reputação organizacional não se constrói apenas por meio de campanhas institucionais ou de ações do setor de comunicação. O papel do gestor é determinante na forma como a empresa é percebida, tanto interna quanto externamente. A maneira como um líder conduz sua equipe, comunica-se com os colaboradores e traduz os valores da organização para o cotidiano influencia diretamente o employer branding (quadro 8.1).

Quadro 8.1 – Aspectos do employer branding

Aspecto	Definição	Impacto nos consumidores e clientes
Reputação corporativa	A percepção do público sobre uma empresa, baseada em suas ações, valores e comunicação.	Influencia diretamente a decisão de compra e a confiança na marca.
Consistência na comunicação	A coerência entre o discurso da empresa e suas práticas diárias.	Empresas que mantêm uma mensagem consistente constroem credibilidade e fidelizam clientes.
Experiência do cliente	Interação direta dos consumidores com a marca, desde o atendimento até a qualidade do produto/serviço.	Experiências positivas geram lealdade, enquanto as negativas podem prejudicar a imagem da empresa.
Avaliações e feedbacks públicos	Comentários e classificações em redes sociais, sites de avaliação e fóruns.	Impactam diretamente a decisão de compra e a percepção da qualidade do produto ou serviço.
Responsabilidade social e sustentabilidade	Práticas empresariais voltadas para o bem-estar social e ambiental.	Empresas engajadas em causas sociais e ambientais são mais bem-vistas pelo público e geram maior identificação com seus consumidores.
Gestão de crises	Capacidade de lidar com problemas de forma transparente e estratégica.	Empresas que resolvem crises de maneira eficaz conseguem recuperar a confiança do público interno e externo rapidamente.

A experiência dos colaboradores dentro da empresa tem reflexo direto na imagem que a organização projeta para o mercado. Se um profissional encontra um ambiente de trabalho desorganizado, sem clareza de propósito e com liderança pouco inspiradora, dificilmente será um defensor espontâneo da marca. Pelo contrário, a insatisfação tende a se tornar pública, seja por meio de avaliações em plataformas como Glassdoor ou por conversas informais no mercado.

★ IMPORTANTE

Hoje, para cuidar da reputação, é preciso estar de olho no feedback digital. O *feedback digital* refere-se a avaliações, comentários e opiniões compartilhadas em ambientes on-line sobre uma empresa, seus produtos, serviços ou ambiente de trabalho. Esse tipo de feedback pode ocorrer por meio de redes sociais, sites de avaliação como Glassdoor, Reclame Aqui e Indeed, fóruns de discussão, plataformas de e-commerce e outras mídias digitais. O diferencial do feedback digital é sua *transparência e alcance*, pois as informações se tornam públicas rapidamente e influenciam não apenas a percepção da marca empregadora, mas também a decisão de clientes e talentos interessados em ingressar na empresa. Além disso, ele acontece de forma contínua, sem necessidade de uma mediação direta da organização, exigindo monitoramento constante e respostas estratégicas para gerenciar a reputação on-line.

Gestores que compreendem sua responsabilidade na construção da reputação da empresa atuam de forma proativa para fortalecer o employer branding. Isso significa adotar práticas de liderança que fomentem um ambiente de confiança, engajamento e desenvolvimento profissional. Quando os líderes incentivam o crescimento dos colaboradores e garantem uma cultura organizacional alinhada aos valores da empresa, a percepção interna se reflete positivamente na atração e retenção de talentos.

Uma cultura organizacional forte e coerente depende da atuação consistente dos gestores em todos os níveis. Não basta que os valores da empresa estejam escritos em documentos institucionais ou divulgados em eventos corporativos; é necessário que sejam vividos e reforçados diariamente pelos líderes.

Os gestores exercem um papel central ao traduzir os valores da organização em práticas concretas. Isso inclui, por exemplo:

- dar feedbacks alinhados com a cultura da empresa;
- agir com transparência e coerência entre discurso e prática;
- incentivar comportamentos que representem os princípios organizacionais;
- criar um ambiente de segurança psicológica, onde os colaboradores se sintam valorizados.

Para exemplificar, uma empresa que tem a inovação como um de seus valores fundamentais deve ter gestores que promovam a experimentação e estejam abertos a novas ideias. Caso contrário, a mensagem institucional perde credibilidade.

Diversos casos demonstram como a liderança pode ser determinante na reputação organizacional. Um exemplo marcante é o da Netflix, que se tornou referência global em employer branding devido à sua cultura de alta performance e autonomia. A abordagem da empresa em relação à gestão de talentos, baseada em transparência e liberdade com responsabilidade, fortaleceu sua marca empregadora e atraiu profissionais altamente qualificados.

Outro caso relevante é o da Microsoft, que investiu fortemente na criação dc um ambiente de trabalho inclusivo e na promoção de diversidade. A empresa adotou políticas de equidade salarial, programas de desenvolvimento para grupos sub-representados e iniciativas de bem-estar, o que fortaleceu sua reputação como um dos melhores lugares para se trabalhar, gerando engajamento e alto nível de retenção de talentos.

O quadro 8.2 sugere a relação entre os elementos fundamentais da reputação organizacional, as ações dos gestores para fortalecer esses aspectos e os impactos que essas ações geram na percepção dos colaboradores e do mercado.

Quadro 8.2 – Estratégia para fortalecer a reputação corporativa

Elemento da reputação	Ação do gestor	Impacto na percepção
Cultura organizacional	Colocar os valores em prática no dia a dia.	Maior alinhamento entre discurso e prática.
Comunicação	Dar feedbacks claros e consistentes.	Aumento do engajamento.
Clima organizacional	Estimular a segurança psicológica.	Redução da rotatividade.
Marca empregadora	Incentivar o desenvolvimento profissional.	Atração de talentos qualificados.

Uma pesquisa interna pode ser uma ferramenta valiosa para avaliar a percepção dos colaboradores sobre a empresa e a liderança. Dados obtidos por meio dessas avaliações ajudam a identificar pontos de melhoria e a ajustar estratégias para fortalecer a reputação corporativa.

Além disso, a empresa pode monitorar o feedback digital por meio de ações como:

» **Monitoramento contínuo da reputação:** o RH pode acompanhar avaliações em plataformas como Glassdoor, LinkedIn e redes sociais para entender a percepção dos colaboradores sobre a empresa. Ferramentas de monitoramento permitem identificar tendências, pontos fortes e áreas de melhoria, possibilitando respostas ágeis e embasadas.

» **Respostas estratégicas e engajamento on-line:** empresas que respondem a feedbacks públicos com transparência demonstram comprometimento com a melhoria contínua. O RH pode desenvolver diretrizes para respostas institucionais que valorizem o diálogo, reconheçam críticas construtivas e reforcem a cultura organizacional.

» **Análise de dados para decisões estratégicas:** comentários e avaliações on-line podem ser transformados em dados quantitativos e qualitativos que auxiliam na revisão de políticas de RH, programas de benefícios e ações para aumentar o engajamento dos colaboradores.

- » **Fortalecimento da experiência do colaborador:** o feedback digital pode revelar informações valiosas sobre o clima organizacional, ajudando na criação de programas de desenvolvimento, bem-estar e reconhecimento. Colaboradores satisfeitos geram depoimentos positivos que impulsionam o employer branding.
- » **Prevenção e gestão de crises:** comentários negativos recorrentes podem indicar problemas estruturais que precisam ser resolvidos. O RH, em parceria com outras áreas, pode atuar na raiz dos problemas para evitar crises reputacionais maiores.
- » **Transformação de colaboradores em embaixadores da marca:** ao incentivar um ambiente de trabalho positivo, as empresas aumentam a probabilidade de que os próprios colaboradores compartilhem experiências autênticas e positivas nas redes, fortalecendo organicamente a marca empregadora.

A ideia é destacar como cada ação do gestor impacta diretamente a reputação da organização, reforçando a importância de um employer branding bem estruturado e alinhado à experiência do colaborador.

O employer branding não pode ser visto como responsabilidade exclusiva do setor de RH. Os gestores são os principais agentes dessa construção, pois são eles que vivenciam e traduzem diariamente a cultura da organização. Entender essa dinâmica e atuar de forma consciente no fortalecimento da reputação organizacional pode ser um diferencial competitivo decisivo para a empresa.

Redes sociais, Glassdoor e o novo feedback corporativo

As redes sociais e as plataformas de avaliação profissional, como Glassdoor, transformaram radicalmente a forma como as empresas são percebidas no mercado de trabalho. As redes sociais oferecem um espaço dinâmico onde empregadores e empregados interagem, compartilham informações e constroem narrativas sobre a cultura organizacional. O Glassdoor e plataformas similares, por sua vez, fornecem um canal direto para que funcionários atuais e ex-colaboradores avaliem anonimamente suas experiências nas empresas, influenciando de modo significativo a reputação e a atratividade da marca empregadora.

O novo feedback corporativo se diferencia do tradicional porque ocorre de forma pública, contínua e muitas vezes sem intermediação da empresa. Esse modelo exige que as organizações desenvolvam estratégias para monitorar e gerenciar sua reputação de maneira proativa, respondendo de forma transparente e ágil às avaliações e promovendo um ambiente de trabalho autêntico e positivo.

A reputação digital da empresa pode ser um dos fatores decisivos para um profissional aceitar ou recusar uma proposta de trabalho. Empresas bem avaliadas atraem talentos de forma mais natural, enquanto aquelas com uma imagem negativa enfrentam dificuldades no recrutamento e retenção.

Ignorar feedbacks negativos não é uma opção. Empresas que se destacam na gestão da reputação digital adotam estratégias para monitorar, responder e agir com base nesses relatos. Respostas transparentes, melhorias internas e cases de transformação podem reverter percepções negativas e fortalecer o employer branding.

Casos como Salesforce e Unilever mostram como um trabalho bem estruturado pode transformar a imagem digital da organização. A Salesforce, por exemplo, criou um canal interno exclusivo para que colaboradores compartilhassem sugestões e preocupações, implementando melhorias em tempo real. Já a Unilever desenvolveu uma estratégia de engajamento na qual ex-funcionários compartilham experiências positivas da empresa, criando uma rede de defensores espontâneos da marca.

Para ilustrar o impacto dessas plataformas, veja o quadro 8.3, com suas principais funcionalidades e seu papel na reputação corporativa.

Quadro 8.3 – Plataformas de reputação corporativa

Plataforma	Funcionalidade principal	Impacto na reputação
Glassdoor	Avaliações anônimas de funcionários.	Influencia a decisão de candidatos e a percepção do público.
LinkedIn	Networking profissional e postagens institucionais.	Reforça a marca empregadora e facilita o recrutamento.
Indeed	Plataforma de busca de empregos com feedback de colaboradores.	Afeta diretamente a atração de talentos.
Redes sociais	Comunicação direta com público e funcionários.	Permitem interação em tempo real e reforçam a cultura organizacional.

Ao analisar essas plataformas estrategicamente, gestores podem não apenas mitigar riscos de reputação negativa, mas também impulsionar a credibilidade da empresa no mercado.

Employer branding além do RH: estratégias práticas para gestores

Employer branding não se limita ao RH. Os gestores desempenham um papel essencial na construção e fortalecimento da marca empregadora, sendo responsáveis diretos por transformar a experiência do colaborador em um diferencial competitivo. Empresas que compreendem essa dinâmica conseguem criar um ciclo sustentável de atração e retenção de talentos.

Uma analogia útil para entender essa relação é comparar o employer branding com o marketing boca a boca. Assim como um cliente satisfeito promove um produto espontaneamente, um colaborador que se sente valorizado e reconhecido se torna um embaixador da marca. O impacto desse processo é amplificado no ambiente digital, onde experiências compartilhadas por colaboradores podem moldar a reputação da empresa de maneira significativa.

Pequenas ações diárias contribuem para um employer branding autêntico e eficaz. Reconhecimento contínuo das contribuições da equipe, oportunidades de desenvolvimento profissional e uma comunicação aberta e transparente são algumas das práticas que reforçam a identidade organizacional e aumentam o engajamento dos funcionários. Essas ações, quando bem estruturadas, evitam a dependência exclusiva de grandes campanhas institucionais e geram resultados sustentáveis.

Outro fator determinante é a conexão entre a experiência do colaborador (EX, do inglês "employee experience") e o employer branding. Empresas que investem na construção de um ambiente de trabalho positivo e significativo colhem benefícios diretos na percepção do mercado sobre sua cultura. Esse alinhamento cria um ciclo virtuoso: uma EX satisfatória gera defensores espontâneos da marca, atrai novos talentos e fortalece ainda mais a cultura organizacional.

Para que os gestores aproveitem ao máximo esse potencial, é recomendável que eles:

- compreendam e vivam os valores organizacionais no dia a dia;
- criem canais abertos para ouvir e responder às preocupações dos colaboradores;
- incentivem um ambiente de trabalho positivo, focado no crescimento e bem-estar;
- monitorem a reputação da empresa em sites de avaliação e redes sociais, utilizando feedbacks como oportunidades de melhoria.

Dessa forma, a construção de um employer branding eficaz vai além das ações do RH e se torna parte da cultura organizacional, garantindo um diferencial competitivo sustentável no mercado.

Arrematando as ideias

A construção de um employer branding forte e autêntico não se limita a estratégias isoladas ou iniciativas superficiais. Ela exige um compromisso genuíno da organização em criar uma cultura empresarial consistente e alinhada aos valores que deseja projetar.
As empresas que compreendem essa dinâmica e a incorporam no dia a dia não só atraem talentos qualificados como garantem um ambiente organizacional mais produtivo e inovador.
Ao longo deste capítulo, discutimos como a reputação da empresa é moldada tanto por seus gestores quanto por suas políticas e práticas institucionais. O gestor, ao assumir o papel de embaixador da marca, influencia diretamente a experiência do colaborador, criando um ambiente que reflete os valores organizacionais. Essa liderança ativa e coerente fortalece a percepção interna e externa da organização, gerando impacto direto na retenção de talentos e na motivação das equipes.
Além disso, exploramos o impacto das redes sociais e das plataformas de avaliação profissional, que deram um alcance sem precedentes à voz dos colaboradores. A transparência tornou-se uma exigência e não mais uma escolha, e as empresas que monitoram e respondem ativamente ao novo feedback corporativo demonstram maturidade e compromisso com a melhoria contínua. Ignorar essas plataformas pode representar um risco à reputação e à competitividade no mercado.
Outro ponto abordado foi a relação entre a experiência do colaborador e a construção de um employer branding sustentável. Empresas que investem no desenvolvimento profissional, em um ambiente inclusivo e no bem-estar de seus funcionários colhem os benefícios dessa estratégia no longo prazo. O employer branding não é apenas uma ferramenta de atração, mas um reflexo da cultura organizacional, impactando diretamente os níveis de engajamento e satisfação interna.
A responsabilidade pela gestão da marca empregadora não é exclusiva do RH, mas de todos os líderes e equipes. As empresas que conseguem integrar essa perspectiva no dia a dia tornam-se mais adaptáveis

às mudanças do mercado e conquistam uma reputação sólida, que se sustenta pela coerência entre discurso e prática.

Portanto, a construção de um employer branding eficaz vai muito além da comunicação externa. Ela exige consistência, ações estratégicas e uma liderança comprometida em transformar a experiência dos colaboradores em um diferencial competitivo. Em um cenário no qual a reputação corporativa pode ser moldada por diversas influências, as organizações que priorizam essa abordagem garantem sua relevância e sustentabilidade no mercado de trabalho.

9

Tomada de decisão estratégica na gestão de pessoas

Tomada de decisão estratégica na gestão de pessoas: equilibrando razão e emoção para liderar com eficiência.

Todo gestor, em algum momento de sua trajetória, já experimentou aquele instante decisivo em que a escolha precisa ser feita – e rápido. Talvez tenha sido diante de um pedido inesperado da diretoria, uma crise na equipe, uma oportunidade de crescimento que não pode esperar. O tempo para pensar é curto, os riscos são altos e a pressão para acertar é intensa. Nessas situações, o cérebro trabalha a todo vapor, buscando informações, considerando cenários e tentando equilibrar lógica e intuição. Mas será que existe uma maneira correta de decidir?

O problema é que a tomada de decisão não acontece em um ambiente asséptico e controlado. O ideal seria ter todos os dados disponíveis, tempo suficiente para análise e um contexto estável. No entanto, a realidade da gestão é outra. As informações estão frequentemente incompletas, os fatores emocionais pesam e o impacto das escolhas nem sempre é previsível. Para agravar a situação, decisões não acontecem no vácuo – elas são influenciadas pela cultura da empresa, pela personalidade do líder e pela dinâmica da equipe. Cada elemento adiciona uma camada extra de complexidade, tornando a decisão um verdadeiro quebra-cabeça.

A maioria dos gestores já se viu em um cenário no qual a racionalidade indicava um caminho, mas a emoção puxava para outro. Imagine, por exemplo, um líder que precisa desligar um colaborador por baixo desempenho. Os números mostram que a produtividade dele está abaixo do esperado há meses (racionalidade), mas esse profissional é querido pela equipe e tem um histórico de dedicação (emoção). Além disso, a cultura da empresa preza pela retenção de talentos e não incentiva demissões rápidas (cultura organizacional). Como equilibrar esses três fatores para tomar a melhor decisão?

Não há uma fórmula única para decidir sob pressão, mas há maneiras de se tornar mais consciente do processo decisório. Entender o papel da racionalidade, da emoção e da cultura organizacional é essencial para evitar armadilhas comuns, como a paralisia por análise, decisões impulsivas ou escolhas influenciadas por padrões empresariais ultrapassados. O equilíbrio entre esses três fatores não elimina a pressão da decisão, mas permite que ela seja feita com maior clareza e coerência.

Tomar decisões é, acima de tudo, um exercício de responsabilidade. Quem lidera precisa ter consciência de que suas escolhas reverberam no ambiente organizacional e impactam não apenas resultados financeiros, mas também o engajamento, a confiança e o bem-estar das equipes. Quanto mais estratégico for esse processo, mais sustentável será o crescimento da empresa e das pessoas envolvidas.

Este capítulo convida você, gestor de qualquer área, a refletir sobre como toma decisões em momentos de alta pressão. Quais elementos você prioriza? Como lida com a incerteza? Em que momento a emoção interfere no seu julgamento? E, acima de tudo, como garantir que suas decisões sejam eficazes, mesmo em cenários turbulentos? As respostas para essas perguntas não são simples, mas uma coisa é certa: desenvolver um olhar mais estratégico sobre o processo decisório pode transformar não só a sua liderança, mas toda a cultura organizacional ao seu redor.

Decidir sob pressão: como equilibrar racionalidade, emoção e cultura organizacional

A tomada de decisão é o ato de escolher um curso de ação diante de múltiplas possibilidades. No contexto da gestão de pessoas, essa escolha raramente ocorre em um cenário ideal. Há pressões de tempo, expectativas dos envolvidos, fatores emocionais e, muitas vezes, incertezas que tornam o processo mais complexo do que aparenta ser em modelos teóricos.

Decidir é, antes de tudo, um exercício de responsabilidade. Quem lidera carrega consigo o impacto de suas escolhas sobre carreiras, dinâmicas organizacionais e o futuro da empresa. No entanto, mesmo sendo um processo essencial à gestão, decidir continua sendo uma habilidade pouco desenvolvida e, em muitos casos, intuitiva. A intuição, por sua vez, não pode ser tratada como um substituto para a análise criteriosa, mas tampouco deve ser ignorada, como afirmam Kepler e Oliveira (2019).

O que torna a tomada de decisão estratégica desafiadora é a coexistência de três forças simultâneas: racionalidade, emoção e cultura organizacional. Cada uma delas influencia o julgamento de maneira diferente e, quando ignoradas ou mal equilibradas, podem levar a escolhas desalinhadas com os objetivos do negócio ou com as necessidades humanas da equipe.

A racionalidade fundamenta-se em dados, análises e previsões. Líderes que buscam tomar decisões embasadas tendem a reduzir riscos e a aumentar a previsibilidade de suas ações. No entanto, a racionalidade pura pode ser limitada quando confrontada com cenários humanos, nos quais comportamentos não seguem lógicas exatas. Já a cultura organizacional estabelece padrões invisíveis que influenciam a forma como as decisões são tomadas e aceitas dentro da empresa. Uma cultura que valoriza hierarquia e controle pode desencorajar a inovação e a flexibilidade na tomada de decisões, enquanto uma cultura aberta ao erro e ao aprendizado pode estimular a adaptação e a experimentação.

A emoção, frequentemente vista como um fator perturbador da decisão racional, desempenha um papel ambíguo. Ela pode distorcer julgamentos, levando a reações impulsivas, mas também pode fornecer elementos fundamentais para uma liderança empática e conectada com as pessoas. A emoção, quando bem administrada, ajuda a compreender impactos intangíveis que um número ou um gráfico não conseguem traduzir.

Equilibrar esses três elementos - racionalidade, emoção e cultura organizacional - exige um nível avançado de consciência sobre o próprio processo decisório. Líderes que reconhecem suas tendências e buscam intencionalidade em suas escolhas evitam armadilhas comuns, como a paralisia por análise, o excesso de confiança ou a adoção de padrões organizacionais sem questionamento crítico.

Imagine um gestor responsável por decidir sobre a realocação de um profissional dentro da empresa. Os dados apontam que a performance desse colaborador está abaixo do esperado no time atual (racionalidade), mas a equipe o vê como um profissional valioso pelo impacto positivo que tem no clima organizacional (emoção). Ao mesmo tempo, a cultura da empresa preza pela estabilidade e tende a evitar mudanças bruscas nas equipes (cultura organizacional). Se o gestor agir apenas com base nos números, pode desconsiderar o capital relacional que o colaborador construiu. Se priorizar a emoção, pode comprometer a eficiência da equipe. Se ceder à cultura organizacional sem questionamento, pode perpetuar um padrão que limita adaptações estratégicas. A melhor decisão, portanto, exige um equilíbrio entre esses três aspectos e uma avaliação criteriosa do impacto de cada escolha.

A tomada de decisão sob pressão não permite que se espere o momento perfeito. Muitas vezes, o tempo é escasso, as informações são limitadas e a resposta precisa ser dada. Nesse contexto, a maturidade de um gestor não está em eliminar a pressão, e sim em navegar por ela sem comprometer a clareza e a coerência de suas escolhas.

Além desses desafios, há ainda a influência da personalidade e das experiências individuais do líder no processo decisório. Cada gestor carrega consigo um repertório próprio, formado por vivências anteriores, valores pessoais e modelos mentais que moldam sua percepção do mundo. No entanto, nem sempre esse perfil se alinha às características e às expectativas da equipe. O líder pode ter uma abordagem mais analítica e cautelosa, enquanto a equipe funciona de forma dinâmica e experimental. Ou pode ser um profissional que valoriza a autonomia, mas lidera um time que precisa de maior direcionamento. Essa desconexão pode criar ruídos na comunicação e tornar a tomada de decisão ainda mais desafiadora, especialmente sob pressão.

Imagine um líder que, em sua trajetória profissional, foi condicionado a evitar riscos e a sempre buscar validação antes de agir. Agora, ele precisa decidir rapidamente sobre a liberação de um orçamento para um novo projeto inovador proposto pela equipe, que está acostumada com autonomia e velocidade na execução. Se ele impuser seu modelo de decisão baseado em múltiplas aprovações, pode frustrar o time e engessar a inovação. Se simplesmente ceder à pressão da equipe sem critérios, pode comprometer os recursos estratégicos da empresa. A saída, portanto, está em equilibrar sua identidade de liderança com uma abordagem humanizada e empreendedora, que permita envolver a equipe no processo, demonstrar transparência na decisão e encontrar soluções que não comprometam nem a inovação nem a segurança organizacional.

Nos próximos tópicos, exploraremos o erro como parte do processo e veremos como abordagens ágeis podem aprimorar a tomada de decisão em ambientes dinâmicos.

O erro como parte do processo: aprendendo com más decisões

O erro é uma constante inevitável na vida. No âmbito pessoal, profissional ou organizacional, errar é uma experiência universal. Nenhuma empresa, por mais estruturada e preparada que seja, está imune a falhas. Da mesma forma, nenhum líder, mesmo o mais experiente e cauteloso, tomará sempre as melhores decisões. O erro, portanto, não deve ser encarado como um fracasso absoluto, mas como parte essencial do crescimento e da evolução. Quando tratado da maneira correta, ele se transforma em uma oportunidade valiosa de aprendizado e refinamento estratégico.

Na gestão de pessoas, cuja dinâmica envolve decisões que impactam diretamente carreiras, culturas organizacionais e resultados de negócios, o erro tem um peso ainda maior. Isso porque a expectativa de precisão na tomada de decisão é elevada, mas, paradoxalmente, o ambiente humano é imprevisível. O que parece uma escolha acertada hoje pode se revelar uma decisão equivocada no futuro, seja por mudanças no contexto externo, pela complexidade dos fatores envolvidos ou por limitações na informação disponível no momento da decisão. Assim, o erro não deve ser evitado a qualquer custo, mas sim compreendido e ressignificado.

Quando falamos de más decisões, é fundamental distinguir entre aquelas que foram fruto de análise criteriosa, mas tiveram um desdobramento inesperado, e aquelas que ocorreram por negligência, impulsividade ou falta de preparo. A primeira categoria faz parte da natureza da liderança e da gestão, pois nenhuma estratégia garante sucesso absoluto. Já a segunda pode comprometer seriamente a reputação da empresa e do líder. Como discutido no capítulo anterior, a reputação organizacional não é controlável, mas influenciada por ações concretas. Decisões mal avaliadas podem abalar a confiança de clientes, investidores e colaboradores, gerando consequências de longo prazo difíceis de reverter.

O líder, por sua vez, também é julgado pelas decisões que toma. Uma escolha equivocada, quando mal gerida, pode comprometer sua credibilidade e sua capacidade de influenciar e engajar a equipe. No entanto, é importante reconhecer que a verdadeira medida de um líder não está na ausência de erros, mas na forma como lida com eles. Um erro pode ser o fim de uma trajetória ou um catalisador de crescimento, dependendo da postura adotada diante dele.

É nesse ponto que a maturidade da gestão se revela: a forma como o erro é tratado dentro da organização é muito mais relevante do que a qualidade de uma decisão isolada. Empresas que cultivam uma cultura punitiva, em que erros são ocultados ou punidos severamente, criam um ambiente de medo e paralisia. Nessas organizações, a inovação é sufocada, e os colaboradores evitam tomar iniciativas por receio das consequências. Por outro lado, empresas que encaram o erro como parte do processo, desde que ele seja gerido com responsabilidade, criam um ambiente de segurança psicológica, essencial para a criatividade, a experimentação e a inovação.

Além disso, um erro bem gerenciado pode se tornar uma oportunidade de fortalecimento da equipe. Quando o líder assume a responsabilidade por uma decisão equivocada e conduz o time na busca por soluções, ele demonstra transparência e compromisso com o crescimento coletivo. Esse tipo de atitude gera confiança, empatia e pertencimento. Os colaboradores percebem que fazem parte de um ambiente no qual há espaço para falhas controladas e, mais importante, para o aprendizado contínuo.

Imagine um gestor que decide apostar em uma nova estratégia de vendas baseada em um canal digital promissor. O investimento é significativo, a equipe é mobilizada e o plano parece alinhado às tendências do mercado. No entanto, após seis meses, os resultados não aparecem como esperado, e os números mostram que o público-alvo ainda não está pronto para essa mudança. O que seria um fracasso absoluto pode ser transformado em aprendizado se o líder adotar uma abordagem reflexiva e transparente. Ao reunir a equipe para analisar os dados, compreender os fatores que levaram ao desempenho abaixo do esperado e recalibrar a estratégia com base no aprendizado adquirido, ele não apenas mitiga os impactos da decisão, mas também fortalece a equipe para desafios futuros.

O grande erro, portanto, não está na decisão equivocada em si, mas na recusa em aprender com ela. Quando o erro é encarado como um desvio necessário no caminho do aprimoramento, ele se torna um instrumento poderoso de crescimento organizacional. Empresas que compreendem isso são mais ágeis, resilientes e preparadas para lidar com os desafios de um mundo dinâmico.

Adotar essa mentalidade não significa incentivar falhas desnecessárias ou minimizar os impactos das decisões. Significa, antes, transformar cada erro em um ponto de inflexão para melhorias contínuas. O verdadeiro diferencial competitivo não está em nunca errar, mas na capacidade de aprender, ajustar e seguir em frente com mais inteligência e maturidade.

Tomada de decisão ágil: métodos para um mundo em constante mudança

A tomada de decisão é um dos atos mais determinantes da gestão, pois define os rumos da organização, afeta diretamente o desempenho das equipes e influencia o ambiente de trabalho. Toda escolha feita por um líder, por menor que pareça, provoca um efeito em cadeia, moldando a cultura, os processos e os resultados da empresa. Decidir, no entanto, é um desafio constante, pois envolve variáveis nem sempre previsíveis, pressão por respostas rápidas e, muitas vezes, informações incompletas.

No contexto corporativo, a tomada de decisão tradicionalmente seguia um modelo linear e detalhado: coletam-se dados, analisam-se cenários, ponderam-se riscos e, só então, toma-se uma decisão. Esse modelo, embora tenha seu valor, tornou-se insuficiente diante da velocidade e da complexidade do mundo atual. Novas demandas surgem a cada momento, os mercados mudam rapidamente e os desafios organizacionais se tornam mais voláteis. A imprevisibilidade exige outra abordagem, mais flexível, adaptável e dinâmica: a tomada de decisão ágil.

Tomada de decisão ágil não significa agir impulsivamente, mas desenvolver uma capacidade de resposta rápida e eficaz diante de cenários incertos. Trata-se de tomar decisões em ciclos curtos, ajustando-as conforme novas informações surgem, ao invés de depender de um planejamento fechado e rígido. Em vez de aguardar que todos os dados estejam disponíveis antes de decidir, o gestor ágil usa as melhores informações do momento e está pronto para recalibrar seu caminho caso os resultados exijam ajustes.

Um exemplo prático disso pode ser visto em empresas de tecnologia que lançam produtos no mercado sem esperar que estejam 100% finalizados, usando o feedback dos clientes para aprimorá-los constantemente.

O mesmo princípio pode ser aplicado na gestão de pessoas: um líder que precisa reestruturar uma equipe não deve aguardar um cenário perfeito para agir. Ele deve implementar ajustes progressivos, testar novas configurações e aprender com os resultados, fazendo correções sempre que necessário.

Uma analogia interessante para ilustrar esse conceito é a pilotagem de um barco a vela. Diferente de um avião, em que o piloto define um plano de voo e o segue rigorosamente, no barco a vela as condições mudam constantemente. O vento pode virar, a correnteza pode alterar o percurso, e o navegador precisa estar atento a cada detalhe, ajustando as velas e o leme em tempo real. A tomada de decisão ágil segue essa mesma lógica: é um equilíbrio entre planejamento e adaptação constante, garantindo que o barco siga na direção desejada, mesmo em meio a mudanças imprevistas.

Para lidar com essa nova realidade, é necessário adotar métodos estruturados que ofereçam suporte à tomada de decisão ágil. Mas o que são métodos? De maneira simplificada, são abordagens sistemáticas para resolver problemas e estruturar processos. Um bom método reduz a incerteza, organiza o pensamento e permite que decisões sejam tomadas de forma mais assertiva.

No entanto, os métodos não são perfeitos nem garantem resultados absolutos. Eles dependem da experimentação, do erro e da capacidade de aprendizagem da equipe. A maturidade de um time não se mede pela ausência de falhas, mas pela rapidez com que se consegue aprender com elas. Em um ambiente de decisão ágil, errar cedo e corrigir rápido é mais valioso do que acertar de primeira depois de um longo tempo de análise.

Além disso, métodos são potencializados quando aplicados em equipes diversas. Pessoas com diferentes experiências, visões de mundo e repertórios trazem perspectivas complementares, tornando as decisões mais ricas e fundamentadas. Um time homogêneo pode ser eficiente, mas tende a enxergar problemas sob um mesmo prisma, enquanto um grupo com diversidade de pensamentos desafia premissas e propõe soluções mais inovadoras.

Ao aplicar métodos ágeis na tomada de decisão estratégica na gestão de pessoas, líderes precisam considerar três fatores essenciais:

» Clareza sobre os objetivos: uma decisão ágil não significa agir sem direção. Antes de escolher um caminho, é necessário ter clareza sobre o que se deseja alcançar.
» Abertura para ajustes: o gestor deve estar preparado para revisar suas decisões com base em novas informações, sem apego a escolhas anteriores.
» Engajamento da equipe: a tomada de decisão ágil não deve ser um processo isolado do líder. O envolvimento dos colaboradores gera comprometimento e amplia a qualidade das decisões.

A tomada de decisão estratégica na gestão de pessoas deve considerar esses elementos. Se um líder deseja criar um ambiente dinâmico, onde os colaboradores se sintam seguros para contribuir e inovar, ele precisa abandonar a rigidez dos modelos tradicionais e adotar práticas que favoreçam respostas rápidas, aprendizado contínuo e construção coletiva. A diferença entre esses dois modelos fica clara no comparativo descrito no quadro 9.1.

Quadro 9.1 – Tomada de decisão tradicional × tomada de decisão ágil

Aspecto	Tomada de decisão tradicional	Tomada de decisão ágil
Tempo de análise	Longo, com muitas etapas antes de agir.	Curto, com decisões iterativas e ajustes frequentes.
Base de decisão	Dados completos e planejamento detalhado.	Melhor informação disponível no momento.
Flexibilidade	Baixa, com pouca margem para mudanças.	Alta, com espaço para revisão constante.
Postura diante do erro	O erro é visto como falha e deve ser evitado.	O erro é parte do processo de aprendizagem.
Engajamento da equipe	Decisões centralizadas no líder.	Equipe envolvida no processo decisório.
Foco principal	Redução de riscos e controle.	Agilidade na resposta e inovação.

A resistência à mudança pode ser um dos maiores desafios nesse processo. Muitos gestores, acostumados a metodologias convencionais, sentem insegurança em abrir espaço para decisões mais fluidas e experimentais. No entanto, quanto mais se adia essa adaptação, maior se torna o risco de obsolescência. Empresas que demoram para decidir, que se prendem a análises intermináveis e que evitam mudanças acabam ficando para trás.

A grande questão, portanto, não é se a tomada de decisão deve ser ágil, mas como implementá-la de maneira responsável e estruturada. Líderes que compreendem essa necessidade e se tornam facilitadores de processos adaptáveis terão equipes mais engajadas, empresas mais resilientes e carreiras mais sustentáveis.

Arrematando as ideias

A tomada de decisão é um dos aspectos mais desafiadores da gestão, especialmente quando ocorre sob pressão. O que este capítulo demonstrou é que decidir não é somente um ato técnico, baseado em dados e lógica, mas um processo dinâmico, no qual fatores emocionais e culturais desempenham um papel significativo. Um líder que compreende essa complexidade não só toma decisões mais acertadas como constrói um ambiente organizacional mais saudável e produtivo.

Ao longo da discussão, ficou evidente que a racionalidade, por mais necessária que seja, não pode ser a única bússola para guiar decisões. A intuição e a emoção são componentes inegáveis da experiência humana e, quando bem administradas, oferecem insights valiosos sobre impactos que números e relatórios não capturam. Da mesma forma, a cultura organizacional atua como um pano de fundo invisível, influenciando comportamentos e determinando o que é socialmente aceitável dentro da empresa. Compreender essa teia de influências é um passo fundamental para tomar decisões mais estratégicas.

Outro ponto relevante abordado foi o erro como inerente ao processo decisório. Em um mundo em constante mudança, onde a previsibilidade se torna cada vez menor, a maturidade de um líder não está em evitar equívocos a qualquer custo, mas em aprender com eles e transformá-los em oportunidades de crescimento. A maneira como uma empresa encara seus erros define sua capacidade de inovar, sua resiliência diante de desafios e sua habilidade de criar um ambiente onde as pessoas se sintam seguras para contribuir.

Agilidade na tomada de decisão não significa agir de forma precipitada, mas sim ter a capacidade de ajustar rotas rapidamente, mantendo clareza sobre os objetivos estratégicos e envolvendo a equipe no processo. Métodos ágeis, como os discutidos anteriormente, oferecem um suporte essencial para que decisões sejam tomadas de forma estruturada, sem comprometer a flexibilidade necessária para responder às demandas do mercado e da organização.

O grande desafio dos gestores não é decidir com perfeição, pois isso é impossível, mas sim desenvolver um modelo de tomada de decisão que seja sustentável e compatível com a realidade organizacional. Isso exige autoconhecimento, inteligência emocional, análise crítica e uma postura aberta ao aprendizado contínuo. Quanto mais um líder reflete sobre seu próprio processo decisório, mais ele fortalece sua capacidade de influenciar positivamente a equipe e gerar impactos duradouros.

Por fim, a tomada de decisão estratégica na gestão de pessoas não deve ser vista apenas como uma competência técnica, mas como um pilar fundamental para o sucesso organizacional. Empresas com uma cultura de decisões bem fundamentadas, transparentes e ágeis se tornam mais adaptáveis e inovadoras. Mais do que isso, constroem ambientes onde colaboradores sentem que suas vozes são ouvidas, onde o erro não é um tabu e onde o aprendizado é contínuo.

Ao encerrar este capítulo, a provocação que fica é: como você, enquanto líder, pode aprimorar sua capacidade de decisão? Quais ajustes podem ser feitos para tornar seu processo mais estratégico, humano e eficaz? Essas reflexões não devem cessar ao fim da leitura, mas servir como um convite permanente para a evolução da liderança e da gestão organizacional.

10

Futuro da gestão de pessoas: tendências em humanização e empreendedorismo

Assim como um capitão utiliza sua bússola para navegar em águas desconhecidas, líderes de gestão de pessoas devem se guiar por princípios de humanização e inovação. O futuro exige adaptação constante, atenção às mudanças e uma liderança que equilibre estratégia e cuidado com as pessoas, garantindo que a organização avance de forma sustentável e alinhada aos novos tempos.

Imagine um navio singrando águas desconhecidas. O capitão, com uma bússola na mão, observa o horizonte, ajusta as velas e lidera a tripulação com confiança. As estrelas são sua guia, mas a jornada exige muito mais do que instrumentos e mapas. É preciso atenção constante ao mar, às mudanças de vento, às necessidades da tripulação e, acima de tudo, à vontade de chegar a um destino que todos desejam alcançar. O navio representa a organização; o capitão, o líder de pessoas; e a bússola, os princípios de humanização e inovação que nos guiam em direção ao futuro.

A gestão de pessoas tem enfrentado águas turbulentas nas últimas décadas. Tecnologias emergentes, mudanças sociais, demandas das novas gerações e crises globais transformaram o cenário organizacional. Frente a essa realidade dinâmica, pergunte-se: como você, gestor, está ajustando as velas de sua liderança? Sua bússola aponta apenas para resultados imediatos, ou também para a construção de um ambiente no qual os colaboradores possam florescer e se sentir valorizados?

Empreender na gestão de pessoas hoje significa muito mais do que administrar recursos humanos. Significa ser um líder capaz de equilibrar inovação tecnológica com empatia, resultados com bem-estar, eficiência com dignidade. Significa ser aquele que não apenas lidera a equipe para o cumprimento de metas, mas que inspira cada colaborador a encontrar propósito e satisfação em sua jornada profissional.

Você já parou para refletir sobre o impacto de suas decisões diárias na vida dos colaboradores? Cada política implementada, cada reunião conduzida, cada feedback oferecido pode ser uma oportunidade para humanizar o ambiente de trabalho ou, pelo contrário, desumanizá-lo. Os gestores do futuro serão aqueles que compreendem que a verdadeira inovação não está apenas na tecnologia ou nos processos, mas na forma como tratam as pessoas.

O mundo do trabalho está mudando rapidamente, e quem não acompanha essas mudanças corre o risco de ficar para trás. Inteligência artificial, automação e análise de dados já estão redefinindo os papéis e processos organizacionais. No entanto, são os valores humanos, como empatia, colaboração e inclusão, que definirão as empresas bem-sucedidas do amanhã. *Como você está preparando sua equipe para esse futuro?*

Grandes líderes sabem que o sucesso não é apenas atingir metas de produtividade ou lucratividade, mas criar um ambiente a que cada pessoa possa se sentir pertencente, contribuindo e crescendo. Investir em humanização significa adotar práticas inclusivas, respeitar a diversidade e construir uma cultura organizacional que valorize as particularidades e potencialidades de cada colaborador. Quando a empresa se preocupa genuinamente com o bem-estar das pessoas, os resultados positivos são uma consequência natural.

Pense por um momento: como seria uma organização onde as tecnologias são utilizadas para personalizar a experiência de cada colaborador? Onde o desenvolvimento profissional é contínuo, o aprendizado é incentivado e o erro é visto como uma oportunidade de crescimento? Esse é o futuro que estamos construindo. Um futuro em que a inovação tecnológica e a humanização caminham lado a lado, criando ambientes de trabalho mais saudáveis, inclusivos e sustentáveis.

O conceito de liderança empreendedora e humanizada não é uma ideia abstrata. Ele se manifesta em ações cotidianas: ao ouvir atentamente um colaborador, ao criar políticas flexíveis que respeitem as necessidades individuais, ao implementar tecnologias que facilitam (e não que substituem) as relações humanas. Essa liderança se revela na coragem de questionar processos arcaicos, de inovar com responsabilidade e de priorizar o bem-estar das pessoas acima de qualquer indicador frio de desempenho.

Pergunte-se agora: quais práticas você pode mudar a partir de hoje? Como pode tornar suas reuniões mais inclusivas, seus feedbacks mais construtivos e suas políticas de gestão mais humanas? O que você pode fazer para que sua equipe não apenas trabalhe, mas prospere? A resposta a essas perguntas pode ser o primeiro passo para uma transformação profunda em sua liderança e, consequentemente, em sua organização.

Como o capitão que ajusta as velas para novos ventos, você tem a oportunidade de liderar sua equipe rumo a um futuro promissor. Não um futuro automatizado e desprovido de humanidade, mas um futuro em que a tecnologia serve às pessoas, em que a diversidade é celebrada, e o trabalho é sinônimo de dignidade e propósito. Que este capítulo, como todo o livro, seja uma bússola que aponta para essa direção. Que, ao virar a última página, você se sinta inspirado e capacitado para ser o líder de que o futuro precisa – um líder que une inovação e humanização, empreendedorismo e empatia.

Personalização em larga escala: desafios e oportunidades

Imagine uma orquestra sinfônica: cada músico toca uma melodia diferente, mas juntos criam uma harmonia perfeita. Cada instrumento é único, cada nota tem seu tempo, e o maestro é responsável por compreender essas especificidades, conduzindo os músicos com maestria. A personalização em larga escala na gestão de pessoas é semelhante a essa orquestra: trata-se de equilibrar as particularidades individuais com os objetivos coletivos de uma organização. Contudo, orquestrar essa harmonia em empresas com centenas ou milhares de colaboradores é um desafio complexo, mas repleto de oportunidades.

Na era da transformação digital e da informação em tempo real, a personalização da experiência do colaborador não é mais privilégio exclusivo de pequenas equipes ou startups. Grandes organizações, por meio de tecnologias emergentes e estratégias inovadoras, podem implementar práticas de gestão que respeitam as individualidades e promovem o engajamento em larga escala. Essa abordagem vai além de oferecer benefícios personalizados; ela busca compreender profundamente os colaboradores, suas aspirações, habilidades e estilos de trabalho, aplicando esses conhecimentos para criar um ambiente de trabalho verdadeiramente humanizado.

Mas a personalização em larga escala tem seus *desafios*. Embora tenha se mostrado eficiente para aumentar o engajamento e a produtividade, expandi-la para uma grande quantidade de colaboradores envolve desafios significativos. A necessidade de tratar cada indivíduo como único pode entrar em conflito com a pressão por eficiência e padronização dos processos. Além disso, identificar as necessidades individuais de milhares de colaboradores requer uma quantidade substancial de dados e recursos.

Outro desafio é garantir que a personalização não gere percepções de desigualdade ou favoritismo. É preciso equilibrar a oferta de soluções personalizadas com a necessidade de manter um senso de justiça e equidade entre os colaboradores. Para isso, é fundamental estabelecer critérios claros e transparentes, comunicando efetivamente o porquê de determinadas práticas.

Apesar dos desafios, a personalização em larga escala abre caminho para uma série de oportunidades transformadoras. Empresas que conseguem personalizar a experiência do colaborador podem colher benefícios como maior satisfação no trabalho, retenção de talentos e aumento da produtividade.

A personalização também pode ser um diferencial competitivo. Em um mercado em que os talentos buscam mais do que um salário atrativo, empresas que demonstram preocupação com as necessidades individuais dos colaboradores tendem a se destacar. Além disso, uma abordagem personalizada facilita a identificação e o desenvolvimento de habilidades específicas, alinhando os objetivos pessoais e profissionais dos colaboradores com as metas organizacionais.

A chave para superar os desafios e aproveitar as oportunidades reside na integração de tecnologias inteligentes com práticas de gestão humanizada. Sistemas de gestão baseados em inteligência artificial, por exemplo, podem ajudar a identificar padrões e preferências individuais, automatizando partes do processo de personalização sem perder o toque humano.

★ VOCÊ SABIA?

Personalização em escala refere-se à capacidade de oferecer experiências customizadas para um grande número de pessoas simultaneamente. Essa abordagem, antes restrita a pequenas empresas, hoje é viabilizada por tecnologias avançadas, como inteligência artificial e análise de dados.

Um exemplo prático: bancos utilizam essa estratégia em seus aplicativos ao personalizarem a interface de entrada para cada cliente. Os usuários recebem ofertas e serviços específicos com base em seus hábitos e preferências, fazendo com que se sintam únicos e bem atendidos. Essa personalização fortalece o relacionamento com o cliente e aumenta a satisfação.

Essa combinação entre tecnologia e humanização é o próximo tópico da nossa discussão. Quais são os caminhos para equilibrar a automação eficiente com a necessidade de manter a empatia e a individualidade? Como podemos garantir que as práticas tecnológicas fortaleçam a experiência do colaborador em vez de distanciá-la? Essas perguntas serão exploradas na seção seguinte.

Tecnologia e humanização: caminhos para o futuro

À primeira vista, tecnologia e humanização podem parecer conceitos opostos. Enquanto a tecnologia está frequentemente associada à automação e à eficiência, a humanização está ligada à empatia, às relações interpessoais e à compreensão das necessidades individuais. No entanto, a verdadeira inovação na gestão de pessoas reside justamente na integração desses dois mundos.

Tecnologia e humanização.

As tecnologias emergentes, como inteligência artificial, big data e automação de processos, têm o potencial de ampliar a capacidade das organizações de compreender e atender seus colaboradores de forma personalizada. Ferramentas de análise de dados permitem identificar tendências, preferências e necessidades individuais com uma precisão nunca antes possível. Essas informações podem ser usadas para criar programas de desenvolvimento, planos de carreira e estratégias de reconhecimento que respeitem as particularidades de cada colaborador.

Por exemplo, plataformas de feedback em tempo real possibilitam que os colaboradores expressem suas opiniões e necessidades de forma contínua. Com base nesses dados, líderes podem ajustar suas abordagens e práticas de gestão com agilidade e eficiência, garantindo que cada colaborador se sinta ouvido e valorizado.

Outro exemplo prático são os chatbots de RH, que utilizam inteligência artificial para responder dúvidas e fornecer suporte imediato aos colaboradores. Essas ferramentas permitem que o departamento de RH se concentre em tarefas mais estratégicas enquanto os colaboradores recebem atendimento rápido e eficiente.

A humanização, por sua vez, assegura que a tecnologia seja utilizada de maneira ética e empática. A implementação de novas tecnologias deve sempre considerar o impacto nas relações interpessoais e no bem-estar dos colaboradores. Isso significa utilizar a tecnologia não apenas para aumentar a eficiência, mas também para fortalecer a cultura organizacional, promover a inclusão e melhorar a experiência dos colaboradores.

★ IMPORTANTE

A implementação de tecnologias no ambiente de trabalho deve sempre priorizar o respeito à dignidade humana. Não basta apenas automatizar processos ou melhorar a eficiência operacional; é fundamental que as ferramentas tecnológicas promovam o bem-estar e fortaleçam os vínculos interpessoais. Empresas que utilizam inteligência artificial para monitorar o desempenho dos colaboradores precisam equilibrar eficiência com respeito à privacidade. Em vez de focar apenas em métricas de produtividade, sistemas de monitoramento podem ser projetados para identificar sinais de burnout, sugerindo pausas e oferecendo recursos de apoio. Essa abordagem não só aumenta a performance, mas também demonstra cuidado genuíno com a saúde mental dos colaboradores, promovendo uma cultura organizacional saudável e ética.

Ao utilizar a tecnologia com empatia e ética, a organização não só otimiza resultados, como constrói um ambiente de trabalho onde os colaboradores se sentem respeitados e valorizados.

A integração eficaz de tecnologia e humanização exige uma mudança de mindset por parte das lideranças e dos colaboradores. De acordo com Dweck (2017), o desenvolvimento de um mindset de crescimento é fundamental para enfrentar as mudanças trazidas pela inovação tecnológica. Um mindset aberto ao aprendizado contínuo e à adaptação permite que as organizações implementem novas tecnologias sem perder de vista a dimensão humana. Líderes que cultivam essa mentalidade criam ambientes onde os colaboradores se sentem seguros para experimentar, errar e aprender, fortalecendo a resiliência organizacional e promovendo o crescimento individual e coletivo.

Uma pesquisa do Great Place to Work (2024) destaca que 83% das empresas consideradas excelentes lugares para trabalhar utilizam ferramentas tecnológicas para personalizar a experiência do colaborador, resultando em maior engajamento e satisfação. Esse dado reforça que a combinação de tecnologia e humanização não é apenas uma tendência, mas uma necessidade estratégica para a retenção e desenvolvimento de talentos. Quando a tecnologia é aplicada com uma abordagem humanizada, cria-se um ambiente de trabalho mais inclusivo, transparente e alinhado às expectativas das novas gerações.

Assim, o futuro da gestão de pessoas não está na substituição do humano pela máquina, mas na sinergia entre ambos. O desafio é utilizar tecnologias inovadoras para potencializar a personalização e a humanização dos processos, possibilitando que cada colaborador tenha uma experiência única e enriquecedora. Dessa forma, líderes empreendedores conseguem alinhar eficiência tecnológica com relações interpessoais autênticas, promovendo um ambiente de trabalho que valoriza o desenvolvimento e o bem-estar contínuo de seus colaboradores.

Práticas sustentáveis e inclusivas na gestão de pessoas

À medida que nos aproximamos do futuro do trabalho, práticas sustentáveis e inclusivas na gestão de pessoas deixam de ser somente uma tendência e emergem como uma necessidade inegociável. Uma gestão de pessoas verdadeiramente humanizada e inovadora deve se comprometer com o equilíbrio entre o crescimento organizacional e o bem-estar dos colaboradores. Esta é a chave para construir ambientes de trabalho resilientes, diversos e socialmente responsáveis.

Sustentabilidade, nesse contexto, vai além das preocupações ambientais. Ela envolve o compromisso com o desenvolvimento contínuo dos colaboradores, a promoção da saúde mental, a equidade no acesso às oportunidades e a criação de um ambiente que fomente o crescimento pessoal e profissional. Empresas que priorizam jornadas de trabalho flexíveis, políticas de bem-estar e programas de desenvolvimento têm mais chances de reter talentos e manter equipes engajadas e produtivas.

Por outro lado, a inclusão precisa ser encarada como um compromisso genuíno, e não só como uma meta a ser alcançada em relatórios corporativos. Inclusão significa assegurar que cada colaborador, independentemente de suas características individuais, se sinta pertencente à organização e valorizado. Significa criar processos de recrutamento e promoção livres de vieses, oferecer acessibilidade a todos e garantir que a diversidade não esteja restrita aos discursos, mas se manifeste em cada ação da liderança.

A tecnologia desempenha um papel crucial na implementação dessas práticas. Ferramentas de análise de dados podem identificar lacunas de diversidade, enquanto plataformas de inteligência artificial podem corrigir vieses em processos seletivos. No entanto, o sucesso dessas iniciativas depende da presença de lideranças comprometidas com valores éticos e humanizados. É a liderança que dará sentido e propósito ao uso dessas tecnologias, assegurando que não se perca de vista a dignidade e a singularidade de cada pessoa.

Carol Dweck (2017) nos lembra que uma mentalidade de crescimento possibilita enfrentar desafios com resiliência e buscar melhorias constantes. Líderes que cultivam esse mindset promovem não apenas a inovação tecnológica, mas também a inovação humana, criando espaços onde os colaboradores se sentem encorajados a aprender, contribuir e crescer.

Esse ambiente gera confiança, colaboração e uma cultura organizacional que celebra o potencial humano em todas as suas formas.

Imagine um futuro em que cada decisão organizacional leve em conta não só os resultados financeiros, mas o impacto humano e social. Um futuro em que cada colaborador se sinta respeitado, valorizado e parte de uma comunidade que trabalha unida por um propósito maior. Esse futuro não é utópico – ele começa com pequenas mudanças de mentalidade e práticas implementadas hoje. Cada gesto de inclusão, cada política de bem-estar, cada diálogo aberto e transparente é uma semente plantada para uma cultura organizacional mais sustentável e inclusiva.

A jornada de construir uma gestão de pessoas empreendedora e humanizada não termina aqui. Ao longo deste livro, exploramos os caminhos possíveis, refletimos sobre os desafios e apontamos soluções inovadoras. Agora, a transformação está em suas mãos. Que este seja apenas o início de uma jornada contínua de aprendizado, adaptação e, acima de tudo, de compromisso com a dignidade e a felicidade no trabalho.

A liderança do futuro será aquela que, com coragem e empatia, souber equilibrar tecnologia e humanização, inovação e inclusão, resultados e bem-estar. Que possamos, juntos, construir esse futuro – um futuro em que cada pessoa, em sua individualidade e diversidade, encontre espaço para florescer e contribuir de maneira significativa. Ao adotar práticas sustentáveis e inclusivas, você não apenas melhora sua organização, mas contribui para um mundo onde o trabalho é, acima de tudo, um espaço de dignidade e realização.

Arrematando as ideias

E se a gestão de pessoas pudesse ser mais do que uma função? E se ela fosse uma causa, uma missão pela qual vale a pena se levantar todos os dias? Ao longo deste livro, exploramos caminhos que desafiam o convencional, questionamos práticas que já não fazem sentido e propusemos uma liderança que abraça a inovação sem soltar a mão da humanidade. Agora, a pergunta que ecoa é: *você está pronto para ser o protagonista dessa mudança?*

Vivemos tempos de transformação acelerada. A tecnologia invade os espaços de trabalho, a saúde mental clama por atenção, e novas gerações desafiam hierarquias rígidas e processos desgastados. Não dá mais para liderar com fórmulas do passado e esperar resultados diferentes. Por isso, *Gestão empreendedora de pessoas* é um chamado para quem deseja fazer parte de um futuro em que cada indivíduo é visto, ouvido e valorizado em sua singularidade.

Quantas vezes você parou para realmente ouvir um colaborador? Não apenas para ouvir as palavras, mas para perceber sentimentos, angústias e sonhos por trás delas. Cada conversa pode ser uma porta para entender o que realmente move as pessoas ao seu redor. Cada feedback pode ser a chance de inspirar confiança ou de reconstruir uma ponte que parecia perdida. A liderança humanizada é feita desses momentos: de pequenas ações que geram grandes impactos.

A inovação tecnológica não está aqui para substituir a conexão humana, mas para ampliá-la. Ferramentas de análise de dados, inteligência artificial e automação devem ser usadas para nos aproximar, e não para nos afastar. Imagine saber com precisão o que motiva cada membro da sua equipe e poder ajustar seu apoio, suas estratégias e suas oportunidades com base nisso. Imagine um ambiente onde ninguém se sinta apenas um número, mas sim uma peça fundamental em um quebra-cabeça dinâmico e inspirador.

Mas a tecnologia, por si só, não garante nada. Ela é apenas um instrumento. *Você é a diferença*. São suas escolhas diárias, sua postura e sua coragem que transformam processos em práticas de respeito e cuidado. A inclusão, por exemplo, não acontece porque está em uma

política corporativa. Ela acontece quando você abre espaço para ouvir vozes diferentes, quando ajusta seu olhar para enxergar talentos onde outros só veem limitações.
Ela acontece quando você age com a certeza de que cada pessoa tem algo valioso a oferecer.
E o que dizer da saúde mental? Ela não pode ser uma preocupação somente quando os primeiros sinais de esgotamento aparecem.
Ela precisa ser cultivada, nutrida e protegida com a mesma seriedade com que olhamos os indicadores de desempenho. Porque uma equipe saudável é uma equipe resiliente. E uma equipe resiliente não apenas entrega resultados, mas também sustenta a cultura de uma organização de que vale a pena fazer parte.
Cada página deste livro foi um convite para refletir sobre práticas antigas e vislumbrar novas possibilidades. Mas, acima de tudo, foi um convite para agir. Para não aceitar mais o "sempre foi assim" como resposta. Para olhar para sua equipe e perguntar: *o que posso fazer hoje para tornar este ambiente mais humano, mais justo e mais inspirador?* E, então, fazer.
Porque gestão empreendedora de pessoas não é sobre controle, é sobre confiança. Não é sobre processos rígidos, é sobre flexibilidade inteligente. Não é sobre máquinas substituindo pessoas, é sobre tecnologias empoderando talentos. É sobre entender que cada decisão que você toma, por menor que pareça, contribui para uma cultura que pode inspirar ou desmotivar, construir ou destruir.
Você pode ser o líder que transforma uma equipe comum em uma equipe extraordinária. Pode ser o gestor que deixa não apenas resultados, mas um *legado* de respeito, inovação e humanidade.
Porque, no final das contas, não são os números que contam a história de uma organização; são as pessoas que ali cresceram, evoluíram e se sentiram valorizadas.
Agora, a jornada está em suas mãos. Que a gestão empreendedora de pessoas seja a luz que guia suas ações, o impulso que move suas decisões e o compromisso que define sua liderança. O futuro não está distante – ele é construído hoje, no jeito que você escolhe liderar. Seja corajoso, seja inovador, mas acima de tudo, seja humano.
Essa jornada começa hoje – com você.

Referências

CAMPOS, V. F. **O verdadeiro poder**. Nova Lima: Falconi Consultores de Resultado, 2009.

COLLINS, J.; PORRAS, J. I. **Feitas para durar**: práticas bem-sucedidas de empresas visionárias. Rio de Janeiro: Alta Books, 2020.

CORTELLA, M. S. **Qual é a tua obra?**: inquietações propositivas sobre gestão, liderança e ética. Petrópolis: Vozes, 2007.

DECOSTER, S. A. **Inovação e novos modelos de negócios**. São Paulo: Editora Senac São Paulo, 2020. (Série Universitária).

DWECK, C. S. **Mindset**: a nova psicologia do sucesso. São Paulo: Objetiva, 2017.

FRANÇA, A. **Gestão humanizada**: liderança e resultados organizacionais. 3. ed. Belo Horizonte: Ramalhete, 2019.

GABLER, N. **Walt Disney**: o triunfo da imaginação americana. São Paulo: Novo Século, 2009.

GOLEMAN, D. **Inteligência emocional**: a teoria revolucionária que redefine o que é ser inteligente. Rio de Janeiro: Objetiva, 2012.

GREAT PLACE TO WORK. **Relatório global**: tendências de ambiente de trabalho 2024. São Paulo: GPTW, 2024.

KEPLER, J.; OLIVEIRA, T. **Os segredos da gestão ágil por trás das empresas valiosas.** São Paulo: Gente, 2019.

MASCARENHAS, A. O. **Gestão estratégica de pessoas**: evolução, teoria e crítica. São Paulo: Cengage Learning, 2012.

MCKINSEY GLOBAL INSTITUTE. **The social economy**: unlocking value and productivity through social technologies. [*S. l.*]: McKinsey & Company, 2012. Disponível em: https://www.mckinsey.com/industries/technology-media-and-telecommunications/our-insights/the-social-economy. Acesso em: 25 nov. 2024.

NAKAGAWA, M. Ferramenta: formação de equipes empreendedoras. **Movimento Empreenda**, São Paulo, 2012.

NAZAR, S. Brasileiros passam em média 56% do dia em frente às telas de smartphones e computadores. **Jornal da USP**, Ribeirão Preto, 29 jun. 2023. Disponível em: https://jornal.usp.br/atualidades/

brasileiros-passam-em-media-56-do-dia-em-frente-as-telas-de-smartfones-computadores/. Acesso em: 25 nov. 2024.

OLIVEIRA, L. B.; ROCHA, J. C. Engajamento no trabalho: antecedentes individuais e situacionais e sua relação com a intenção de rotatividade. **Revista Brasileira de Gestão de Negócios**, São Paulo, v. 19. n. 5, p. 415-431, 2017.

ROBBINS, S. P.; JUDGE, T. A.; SOBRAL, F. **Comportamento organizacional**: teoria e prática no contexto brasileiro. 14. ed. São Paulo: Pearson, 2010.

SAMPAIO, M. **Atitude empreendedora**: descubra com Alice seu país das maravilhas. São Paulo: Editora Senac São Paulo, 2014.

SAUSEN, J. F. C. L. *et al.* Gestão humanizada aplicada aos princípios e práticas cooperativistas: estudos de caso em uma Agência SICREDI. **Desenvolvimento Regional em Debate**, Canoinhas, v. 9, p. 563-583, 2019.